틱낫한 행복

삶이 버거운 순간,
고통과 불안을 이기는 행복의 법칙

틱낫한 지음
허우성 옮김

HAPPINESS is © 2005, by Unified Buddhist Church

All rights reserved. No part of this book may be reproduced by any means, electronic or mechanical, or by any information storage and retrieval system, without permission in writing from the Plum Village Community of Engaged Buddhism, Inc. formerly known as Unified Buddhist Church, Inc.

Korean Translation Copyright ©2024 by Bulkwang Media Co.
Korean edition is published by arrangement with Cecile B Literary Agency through Imprima Korea Agency

이 책의 한국어판 저작권은 Imprima Korea Agency를 통해
Cecile B Literary Agency사와의 독점계약으로 불광미디어에 있습니다.
저작권법에 의해 한국 내에서 보호를 받는 저작물이므로
무단전재와 무단복제를 금합니다.

틱낫한 행복

삶이 버거운 순간,
고통과 불안을 이기는 행복의 법칙

틱낫한 지음
허우성 옮김

불광출판사

일러두기

- 이 책의 역자가 번역에 참고한 도서는 원서 《Happiness: Essential Mindfulness Practices》(Parallax Press, 2009)의 일본 출간 버전으로, 시마다 게이스케(島田啓介)와 마고메 구미코(馬籠久美子)가 일본어로 번역한 《ブッダの幸せの瞑想(붓다의 행복 명상)》(株式会社サンガ, 2013, 東京都)이다.
- 원서의 각주(●)와 역자·편집자의 각주(○)는 기호를 달리하여 구분했다.
- 이 책에서 말하는 '승가(Sangha)'는 출가자와 재가자 모두를 포함하는 사부대중을 가리킨다.

숨을 들이쉬면서,

들숨을 죽 따라간다

숨을 내쉬면서,

날숨을 죽 따라간다

목차

서문 8

제1장 일상의 실천

의식적인 호흡하기 14 • 앉기 명상 22 • 걷기 명상 28 • 아침에 깨어나기 35 • 마음챙김의 종 38 • 전화 명상 44 • 절하기 47 • 게송 49 • 나는 도착했다, 본래의 집에 52 • 귀의 56 • 다섯 가지 마음챙김 수행법 58

제2장 식사 실천

마음챙김으로 하는 식사 66 • 식전의 다섯 가지 묵상 71 • 부엌 75 • 차 명상 77

제3장 몸을 사용하는 실천

쉬기와 멈추기 86 • 깊은 이완 91 • 마음챙김 체조 99

제4장 인간관계와 공동체 실천

승가의 건설과 유지 112 • 새로 시작하기 116 • 평화 협정 120 • 제2의 나 129 • 포옹 명상 132 • 깊은 경청과 사랑의 말 135 • 분노 및 다른 강한 감정 돌보기 138 • 빛을 비추기 147 • 러브 레터 쓰기 151

제5장 응용편

고독 156 • 침묵 159 • 게으른 날 161 • 법문 듣기 164 • 법담 166 • 대지에 접하기 168 • 여행 떠나기와 여행에서 돌아오기 174 • 자애·사랑의 명상 176 • 일방적 무장 해제 184 • 내 속의 아이와 대화하기 187 • 열네 가지 마음챙김 수행법 190

제6장 아이와 함께 실천하기

어린이 말의 경청 204 • 아이들과 함께하는 걷기 명상 208 • 분노 및 기타 강한 감정을 가진 어린이 돕기 210 • 가족 식사 214 • 종을 초대하다 217 • 조약돌 명상 221 • 호흡의 방 225 • 네 개의 주문 228 • 냉장고 안의 케이크 234 • 오렌지 명상 237 • 나무 안아주기 239 • 오늘이라는 기념일 241

결론 243

서문

마음챙김은 지금 이 순간을 알아차리고 깨어 있는 에너지입니다. 인생에 깊이 접하는 것을 매 순간 반복해 가는 실천입니다. 마음챙김을 위해서 어딘가 특별한 장소로 가야 할 필요는 없습니다. 방에서도, 어딘가로 이동하는 도중에도 실천할 수 있습니다. 일상에서 우리가 항상 하는 것, 즉 걷기, 앉기, 일하기, 먹기, 말하기를 똑같이 하면 됩니다. 다른 점은 우리가 하는 것을 완전히 자각해서 행하는 것입니다.

하나의 예를 들어봅시다. 당신이 한 무리의 사람과 함께 나란히 서서 아름다운 일출을 바라보고 있습니다. 다른 사람은 경치를 감상하는데, 당신은 괴로워하고 있습니다. 당신은 자신의 계획이나 걱정거리에 몰두하느라 미래와 과거만 생각하고 있기 때문입니다. 일출을 보면서도 그 경험을 음미할 만큼 당신은 거기에 있지 않습니다. 즉, 일출의 순간을 즐기지 못하고, 그 순간의 풍요로움을 놓치고 맙니다.

이제 좀 다른 접근 방식을 취해봅시다. 마음이 방황할 때 의식을 들숨과 날숨에 집중한다면 어떨까요? 깊게 숨 쉬는 실천을 하면 지금 이 순간으로 당신 자신이 돌아옵니다. 몸과 마음이 하나가 되어 경치를 바라보고 사색하고, 즐길 수 있습니다. 자신의 호흡으로 '돌아오면서' 당신은 일출의 경이로움을 되찾습니다.

우리는 너무 바쁜 나머지 자신이 무엇을 하고 있는지, 자신이 누구인지조차도 망각하는 경우가 종종 있습니다. 숨 쉬는 일조차 잊어버린다고 말하는 사람도 많이 있습니다. 사랑하는 사람들을 제대로 바라보지도 못하고, 그들이 죽을 때까지 감사하다는 말도 못 합니다. 여유가 좀 있어도 우리는 우리 안에서 일어나고 있는 일에 접하는 기술이 없어서, 자기 자신으로부터 도망칠 수 있는 것처럼 텔레비전을 켜거나 전화기를 듭니다.

마음챙김의 본질은 호흡을 알아차리는 것입니다. 부처님에 따르면 마음챙김은 행복과 기쁨의 원천입니다. 마음챙김의 씨앗은 우리 각자 안에 있지만, 우리는 보통 거기에 물 주는 것을 잊고 있습니다. 만약 자신의 호흡이나 발걸음을 귀의처로 삼는 방법을 안다면, 우리는 평화와 기쁨의 씨앗들에 접해서, 그것들을 더 큰 기쁨으로 키워낼 수 있습니다. 신, 부처, 알라와 같은 추상적인 개념에 귀의할 것이 아니라, 우리 자신의 호흡이나 발걸음 속에서 신에 접할 수 있음을 우리는 깨닫게 됩니다.

이것은 간단해 보이고 누구나 할 수 있다고 생각할지 몰라도, 어느 정도의 수련이 필요합니다. 일단 멈추는 행위가 가장 중요합니다. 어떻게 멈출 수 있을까요? 들숨, 날숨, 그리고 발걸음을 사용해서 멈춥니다. 그래서 우리의 마음챙김 호흡과 마음챙김 걷기가 실천의 기본이 됩니다. 이러한 실천을 완전히 익히면 마음챙김 하면서 식사하고, 마시고, 요리하고 운전하는 실천으로 나아갑니다. 그렇게 하면 당신은 항상 지금 여기에 존재할 수 있습니다.

마음챙김은 산스크리트어로 스므리티(smṛti, 念)라고 합니다. 마음챙김의 수행은 사마디(samādhi, 三昧·集中)로 이어지고, 거기에서 프라즈냐(prajñā, 지혜·통찰)가 생깁니다. 마음챙김 명상에서 얻어지는 지혜는 두려움, 불안, 분노로부터 우리를 해방하고 진정으로 행복해질 수 있도록 합니다. 이 명상은 꽃처럼 단순한 것을 사용하면서도 실천할 수 있습니다. 나는 꽃을 내 손에 쥐면서 그 존재를 알아차립니다. 들숨과 날숨은 알아차림을 유지하는 데 도움이 됩니다. 나는 여러 가지 잡념에 압도당하는 것이 아니라, 꽃의 아름다움을 계속해서 즐깁니다. 그러면 집중 그 자체가 기쁨의 원천이 됩니다.

인생이 주는 선물을 온전히 누리자면, 양치질할 때, 아침 식사를 요리할 때, 출근길에 운전할 때 등 모든 순간에 마음챙김을 해야 합니다. 한 걸음 한 걸음, 한숨 한숨이 모두 기쁨과 행복의 기회가 될 수 있습니다. 인생은 괴로움으로 가득합니다. 행복을 충분히 비축하지 않으면 절망에 대처할 수단이 없습니다. 편안하고 상냥한 태도로, 그리고 열린 마음과 받아들이는 심정으로 수행을 즐기시기 바랍니다. 형식이나 외양이 아닌 이해를 위해 수행하세요. 마음챙김을 통해 내적 기쁨을 유지할 수 있고, 인생의 여러 도전에 더 잘 대처할 수 있습니다. 우리는 우리 자신 안에 자유, 평화, 사랑의 기반을 마련할 수 있습니다.

제1장

일상의 실천

행
복

의식적인 호흡하기

일상에서 우리는 호흡하지만 호흡하고 있다는 사실 자체를 잊고 있습니다. 모든 마음챙김 수행의 기초는 들숨과 날숨에 주의를 기울이는 것입니다. 이것은 마음챙김 호흡 또는 의식적인 호흡이라고 불립니다. 매우 간단하지만 효과는 아주 좋습니다. 우리의 일상에서 몸은 한 곳에 있지만 마음은 다른 곳에 있는 경우가 많습니다. 들숨과 날숨에 주의를 기울이면 마음이 다시 몸으로 돌아갑니다. 갑자기 우리는 거기 존재하게 되고, '지금 여기에' 온전히 존재하게 됩니다.

의식적인 호흡은 시원한 물 한 잔을 마시는 것과 같습니다. 숨을 들이마실 때 우리는 폐로 들어오는 공기를 느낍니다. 호흡을 조절할 필요가 없습니다. 길 수도 짧을 수도, 깊거나 얕을 수도 있습니다. 알아차림의 빛에 비춰지면, 호흡은 자연스럽게 느려지고 깊어집니다. 의식적인 호흡은 몸과 마음을 하나로 묶고, 삶의 매 순간에 마음챙김의 에너지를 가져다주는 열쇠입니다.

생각, 감정, 지각 등으로 이뤄진 내면의 날씨와 상관없이 호흡은 충실한 친구처럼 항상 우리와 함께합니다. 기분이 들떠 있거나 깊은 감정에 빠져있거나 과거나 미래에 대한 생각에 사로잡힐 때마다 우리는 호흡으로 돌아가 마음을 가다듬고 모을 수 있습니다.

실천

숨을 들이쉬거나 내쉬는 사이에, 코로 들어갔다 나오는 공기의 흐름을 느껴보세요. 처음에는 편안하게 호흡하지 못할 수도 있지만, 의식적인 호흡을 잠시라도 연습하면 자신의 호흡이 놀랄 만큼 가볍고 자연스럽고 고요하고 편안해졌음을 느낄 것입니다. 걷거나 정원 가꾸기를 하거나 타이핑을 하거나, 어떤 일을 하던 중이라도 이 평화로운 생명의 원천으로 돌아갈 수 있습니다.

스스로에게 이렇게 말할 수 있습니다.

숨을 들이쉬면서, 들이쉬는 것을 안다
숨을 내쉬면서, 내쉬는 것을 안다

몇 번 호흡한 후에 이를 "들이쉰다, 내쉰다"라고 짧게 하는 것이 좋습니다. 들이쉬는 숨과 내쉬는 숨을 처음부터 끝까지 따라가면, 그것만으로도 마음은 더 이상 생각하지 않게 됩니다. 이제 당신 마음을 쉬게 하세요. 우리는 일상생활 속에서 너무 많이 생각합니다. 우리 마음에 생각을 멈출 기회를 주는 것은 멋진 일입니다.

"숨을 들이쉬면서, 숨을 들이쉬는 것을 안다"라는 것은 생각이 아닙니다. 그것은 뭔가가 일어나고 있음을, 곧 당신이 숨을 들이쉬고 내쉬고 있음을 단순히 알아차리는 것입니다. 숨을 들이쉬면서 들숨에 주의를 기울이면, 마음은 몸으로 돌아가 하나가 됩니다. 한 번의 들숨으로도 마음이 몸으로 돌아가게 할 수 있습니다. 몸과 마음이 하나가 되면, 당신은 바로 이 순간에 진실로 존재할 수 있게 됩니다.

"숨을 들이쉬면서, 들이쉬는 것을 안다"라는 것은 '숨을 들이쉬면서, 살아 있음을 느낀다'는 말이기도 합니다. 생명은 당신 안에 그리고 당신 주변에 있습니다. 이 생명은 햇빛, 푸른 하늘, 가을 단풍 등 모든 경이로움을 품고 있습니다. 지금 이 순간이라는 내 집으로 돌아가, 내 안과 주변의 치유, 활력, 양식을 주는 생명의 요소를 접하는 것은 매우 중요합니다. 가벼운 미소는 얼굴 근육 모두를 풀어줍니다.

숨을 들이쉬면서, 푸른 하늘을 본다
숨을 내쉬면서, 푸른 하늘에 미소 짓는다

숨을 들이쉬면서, 아름다운 단풍을 알아차린다
숨을 내쉬면서, 아름다운 단풍에 미소 짓는다

숨을 들이쉬면서 "푸른 하늘", 내쉬면서 "미소"라고 짧게 할 수도 있습니다. 마찬가지로 숨을 들이쉬면서 "단풍", 내쉬면서 "미소"라고 할 수도 있습니다. 이렇게 호흡하면, 생명의 모든 경이로움에 접할 수 있습니다. 당신은 생명의 아름다움에서 양식을 얻고 걱정과 두려움에서 해방됩니다. 당신은 자신의 호흡과 자신의 몸에 접하게 됩니다. 당신의 몸도, 당신의 눈도 경이입니다. 눈만 뜨면 형(形)과 색(色)의 낙원에 접할 수 있습니다. 당신의 귀도 경이입니다. 귀 덕분에 당신은 온갖 종류의 소리를 들을 수 있습니다. 거기에는 음악, 새소리, 소나무 사이로 부는 바람이 있습니다. 들숨과 날숨에 주의를 기울이면, 당신은 지금 이 순간, '지금 여기'라는 집으로 돌아가게 됩니다. 생명에 접하게 됩니다. 과거 속에서 계속해서 길을 잃거나, 미래를 향해 달려간다면, 당신은 이 모든 것을 잃게 됩니다.

  숨을 들이쉬면서, 들숨을 죽 따라간다
  숨을 내쉬면서, 날숨을 죽 따라간다

처음에는 호흡이 힘들거나 거북하게 느껴질 수 있습니다. 호흡은 몸과 느낌의 결과입니다. 몸에 긴장이나 통증이 있거나 느낌이 괴로우면, 호흡이 영향을 받습니다. 호흡에 주의를 기울이고 마음챙김을 하면서 호흡하세요.

  숨을 들이쉬면서, 들이쉰다는 것을 안다
  숨을 내쉬면서, 내쉰다는 것을 안다

> 숨을 들이쉬면서, 들숨에 미소를 짓는다
> 숨을 내쉬면서, 날숨에 미소를 짓는다

결코 무리하게 숨 쉬지 마세요. 들숨이 짧으면 짧은 대로 두세요. 호흡이 그다지 편하지 않다면 그대로 두세요. 호흡에 개입하거나 강요하거나 매달리지 마세요. 그것을 알아차리기만 하면 얼마 후 호흡의 질이 자연스럽게 나아집니다. 마음챙김 호흡은 우리의 들숨과 날숨을 인지하고 포용합니다. 마치 어머니가 집으로 돌아가 아이를 부드럽게 품속에 안는 것과 같습니다. 당신은 1~2분 후에 호흡의 질이 향상되는 것을 보고 놀랄 것입니다. 당신의 들숨은 더 깊어지고, 날숨은 느려질 것입니다. 호흡은 더욱 평화롭고 조화로워집니다.

> 숨을 들이쉬면서, 들숨이 더 깊어졌음을 알아차린다
> 숨을 내쉬면서, 날숨이 더 느려졌음을 알아차린다

들숨과 날숨이 더 평화롭고 깊어지고 느려졌다는 것을 알아차리면, 그 평화로움, 고요함, 조화를 몸에 줄 수 있습니다. 당신은 일상에서 몸을 소홀히 하고 방치하기도 합니다. 지금이 당신의 몸으로 돌아와 몸의 존재를 인정하고, 다시 친숙해지고 친구가 될 수 있는 기회입니다.

숨을 들이마시면서, 몸을 알아차립니다
숨을 내쉬면서, 몸의 모든 긴장을 풀어줍니다

이러한 호흡법은 부처님께서 직접 알려주신 것입니다.• 아이들의 놀이처럼 쉽습니다. 배에 손을 얹으면 도움이 됩니다. 숨을 들이쉴 때 배가 올라가고 숨을 내쉴 때 배가 내려가는 것을 알 수 있습니다. 상승, 하강. 특히 누운 자세에서 복부가 오르고 내리는 것을 느끼기 쉽습니다. 당신은 처음부터 끝까지 들숨과 날숨을 알아차리고 있습니다. 이런 호흡은 즐겁습니다. 더 이상 과거, 미래, 프로젝트, 고통에 대해 생각하지 않습니다. 호흡은 기쁨이 되고 생명 자체를 일깨워줍니다.

숨을 들이마시면서, 들숨을 즐깁니다
숨을 내쉬면서, 날숨을 즐깁니다

이렇게 몸에 평화와 조화를 제공하고 긴장을 풀어준 뒤에, 그때 자신의 느낌과 감정을 식별할 수 있습니다.

• Thich Nhat Hanh, *Breathe, You Are Alive!* (Berkeley, CA: Parallax Press, 2008) 참조.

> 숨을 들이마시면서,
> 자신 안의 괴로운 느낌을 알아차린다
> 숨을 내쉬면서, 괴로운 느낌에 미소를 짓는다

괴로운 느낌만이 아니라, 마음챙김도 있습니다. 마음챙김은 어머니와 같아서 그 느낌을 부드럽게 안아줍니다. 마음챙김은 항상 무언가에 대한 마음챙김입니다. 마음챙김을 하면서 숨을 쉬면 그것은 마음챙김 호흡입니다. 마음챙김을 하면서 걸을 때 그것은 마음챙김 걷기입니다. 마음챙김을 하면서 마시면 그것은 마음챙김 마시기입니다. 당신이 느낌에 마음챙김을 할 때, 그것은 마음챙김 느낌입니다. 마음챙김은 모든 신체적, 정신적 사건에 개입하여 인식과 위안을 가져다줍니다.

    저는 당신이 숨 쉬고 웃으면서 때때로 암송할 수 있는 수행 시를 드리고 싶습니다.

> 숨을 들이마시면서, 숨을 들이쉬고 있음을 안다
> 숨을 내쉬면서, 숨을 내쉬고 있음을 안다

> 들숨이 깊어질수록
> 날숨은 느려지네

숨을 들이마시면서, 몸을 진정시키고
숨을 내쉬면서, 편안해지네

숨을 들이마시면서, 미소 짓네
숨을 내쉬면서, 해방되네

지금 이 순간에 머물며,
이것이 경이로운 순간임을 안다네

여기에 나오는 단어들을, 호흡 하나하나에 한 단어 또는 한 구절로 줄일 수 있습니다.

들이쉼, 내쉼
깊고 느리게
진정되고, 편안해짐
미소 짓기, 해방됨
지금 이 순간, 경이로운 순간

지금 이 순간만이 유일하게 현실입니다. 당신의 가장 중요한 임무는 지금 여기에 존재하고 이 순간을 즐기는 것입니다.

앉기 명상

앉기 명상은 '내 집'으로 돌아가는 방법, 그래서 우리 자신에게 온전한 관심과 보살핌을 주는 방법입니다. 거실이든, 나무 아래든, 방석 위든 우리가 앉을 때마다 불단에 좌정하신 부처님처럼 고요함을 사방으로 퍼지게 할 수 있습니다. 우리는 우리 내부와 주변에 있는 것에 온전한 주의를 기울입니다. 우리의 의식은 크게 넓히고, 마음은 부드럽고 친절한 것으로 만듭니다. 이런 식으로 몇 분만 앉아 있으면 우리는 자신을 완전히 회복할 수 있습니다. 편안하게 앉아 자각한 상태로 숨을 쉬고 미소를 지을 때, 우리는 자신에 대한 주권을 갖게 됩니다.

앉기 명상은 깊은 치유를 가져옵니다. 고통, 분노, 짜증, 기쁨, 사랑, 평화 등 그것이 무엇이든 우리 안에 있는 모든 것과 함께 있게 합니다. 우리는 휩쓸리지 않고 모든 것과 함께 있을 수 있습니다. 무엇이든 오면 오게 하고, 머물게 하고, 그런 다음 보내줍니다. 생각을 강요하거나 억압할 필요도, 생각이 없는 척할 필요도 없습니다. 대신, 받아들이며 사랑하는 눈으로 우리 마음속의 생각과 이미지를 관찰할 수 있습니다. 우리 안에 일어나는 폭풍에도 불구하고 우리는 고요하고 평온합니다.

앉아서 숨을 쉬면서, 지금 여기에 우리의 참된 존재를 드러내고, 그 존재를 우리 공동체와 세계에 제공합니다. 여기에 존재하기, 생생히 살아 있기, 완전히 현존하기, 그것이 앉기 명상의 목적입니다.

── 실천 ──

앉기 명상은 즐거워야 합니다. 명상하는 내내 행복하고 편안하게 앉으세요. 앉아 있는 것은 고행이 아닙니다. 자신의 존재, 가족이나 동료 수행자들의 존재, 대지와 하늘과 우주를 즐길 수 있는 기회입니다. 힘껏 노력할 필요가 없습니다.

방석에 앉는다면 그것이 몸을 지탱할 수 있는 적절한 두께인지 확인하세요. 가부좌, 반가부좌, 또는 간단히 다리를 꼬는 자세(정좌) 등 가장 편안한 자세로 앉을 수 있습니다. 등은 곧게 펴고 손은 부드럽게 접어서 무릎에 둡니다. 의자에 앉는 경우 발이 바닥이나 쿠션에 평평하게 놓여 있도록 하세요. 앉아 있는 동안 다리나 발이 저리거나 아프기 시작하면 자세를 주의 깊게 조정하세요. 호흡을 따라가며 자세를 천천히 조심해서 바꾸면 집중력을 유지할 수 있습니다.

전신의 힘을 빼고 근육을 이완하세요. 맞서지도 애쓰지도 마세요. 15분 동안 앉기 명상을 한 후 온몸에 통증을 느끼는 사람들이 있는데, 그것은 무리하게 앉으려고 노력하거나 명상에 성공하기 위해 지나치게 힘을 쓰기 때문입니다. 해변에 앉아 있는 것처럼 편안함을 느껴보세요.

앉아 있는 동안 들숨과 날숨을 따름으로써 시작하세요. 느낌이 올 때마다 그것을 인식하세요. 생각이 떠오를 때마다 그것을 확인하고 인식하세요. 앉기 명상을 하는 동안 몸과 마음에서 일어나는 일을 관찰함으로써 많은 것을 배울 수 있습니다. 무엇보다 앉아 있는 시간은 아무 일도 하지 않을 기회입니다. 아무 일도 하지 말고, 다만 앉아서 숨을 들이쉬고 내쉬는 것을 즐기세요.

숨을 들이쉬면서, 살아있음을 안다
숨을 내쉬면서,
내 안과 주변의 생명에게 미소를 짓는다

살아 있다는 것은 기적입니다. 자리에 앉아 들숨과 날숨을 즐기는 것만으로도 이미 행복합니다. 호흡하는 것만으로 당신은 당신이 살아 있음을 압니다. 축복할 만한 일입니다. 따라서 좌선은 들숨과 날숨으로 생명을 축복하는 방법입니다.

몸의 긴장을 완전히 푸는 것이 중요합니다. 부처님이 되려고 하지 마세요. 그저 앉아 있는 것을 즐기고, 있는 그대로의 자신을 받아들이세요. 몸에 긴장이 좀 있어도, 마음에 고통이 좀 있어도, 그런 자신을 받아들이세요. 마음챙김 호흡의 에너지로 몸과 마음을 포용하고 편안한 자세로 호흡을 즐기세요.

> 숨을 들이마시면서, 여기에 도착했다
> 숨을 내쉬면서, 내 집에서 편안하다

더 이상 달릴 필요가 없습니다. 당신 본래의 집은 지금 여기에 있습니다. 당신은 단단하고 자유롭습니다. 얼굴의 모든 근육을 풀면서 미소를 지을 수 있습니다.

앉기 명상을 잘하기 위해서는 약간의 훈련이 필요합니다. 우리는 마음과 몸으로 항상 무언가를 하는데 너무 익숙해서, 앉아서 아무것도 하지 않는 것이 처음에는 어려울 수 있습니다. 넬슨 만델라가 프랑수아 미테랑 프랑스 대통령을 방문하기 위해 프랑스에 왔을 때, 언론은 만델라에게 무엇이 가장 하고 싶은지 물었습니다. 그는 "제일 하고 싶은 건 그냥 앉아서 아무것도 하지 않는 것입니다. 교도소에서 석방된 이후 나는 앉아 있을 시간도, 숨 쉴 시간도 없이 바쁩니다. 그래서 내가 가장 원하는 것은 그냥 앉아서 아무것도 하지 않는 것입니다."

넬슨 만델라에게 며칠 동안 앉아서 아무것도 하지 말라고 하면 그가 어떻게 해야 할지 알까요? 앉아서 아무것도 하지 않는 것이 우리 대부분에게 쉽지만은 않기 때문입니다. 우리는 항상 무언가를 하는 데 익숙합니다. 앉아서 앉아 있기를 즐기기 위해서, 아무것도 하지 않으면서 아무것도 하지 않기를 즐기기 위해서는 훈련이 좀 필요합니다. 우리 각자는 항상 무언가를 해야 한다는 습관 에너지를 가지고 있습니다. 뭔가를 하지 않는다면 견디기 어렵습니다. 그래서 그냥 앉아서 아무것도 하지 않는 것은 하나의 예술, 곧 앉기 명상의 예술입니다.

집중하기 어려울 때는, 숫자 세기가 훌륭한 기술입니다. 숨을 들이마시면서 "하나"를 세세요. 숨을 내쉬며 "하나"를 세세요. 숨을 들이마시면서 "둘"을 세세요. 숨을 내쉬며 "둘"을 세세요. 열까지 계속한 다음, 다시 세기를 시작하세요. 어디까지 세었는지를 잊어버리면 "하나"에서 다시 시작하세요. 숫자 세기는 성가신 생각에 빠지지 않게 하고, 대신 우리를 호흡과 숫자에 집중하게 합니다. 생각에 대한 통제력이 어느 정도 생기면, 숫자 세기가 지루해질 수 있으므로 이를 버리고 그저 호흡을 따라갈 수 있습니다.

무엇을 이루기 위해 명상에 도전하고, 성공을 위해 지나치게 노력한다면 긴장을 풀 수 없습니다. 창문 밖을 보세요. 보리수나 떡갈나무가 있지요. 나무는 아름답고 건강하며 온전히 그 자체입니다. 나무가 무슨 애를 쓰는 것 같지는 않습니다. 싱싱하고 푸르고 안정되어 있습니다. 그 나무는 산 위에 있을 수도 있습니다. 산은 강하고 단단해서 긴장이나 노력도 없이 모든 종류의 생명을 떠받쳐 줍니다. 앉기 명상을 할 때 당신은 산처럼 안정되고 단단해집니다. 다음과 같이 실천할 수 있습니다.

> 숨을 들이마시면서, 나는 나 자신을 산으로 본다
> 숨을 내쉬며, 나는 나의 단단함을 즐긴다

앉기 명상에 성공하려면 몸 내부와 감정 안에 있는 긴장을 풀어야 합니다. 앉은 자세에서 편안함을 느끼세요. 호흡을 시작했다면 들숨과 날숨을 즐기세요. 무리하게 무얼 하려고 하지 말고, 앉아서 웃는 것을 즐기세요. 이렇게 조용히 앉아 있는 것은, 귀중한 한 순간입니다. 당신은 당신 자신의 섬입니다. 지금 이 순간 아무도 당신에게 무엇을 하라고 말할 수 없습니다. 이 순간 아무도 당신을 방해하지 않을 것이며, 당신에게 질문하거나, 냄비를 씻거나 화장실을 청소하라고 요구할 권리도 없습니다. 지금은 편안하게 쉬면서 당신 자신이 될 수 있는 소중한 기회입니다.

걷기 명상

마음은 천 가지 방향으로 가네
그래도 나는 이 아름다운 길을 평화롭게 걷네
한 걸음마다 부드러운 바람이 부네
한 걸음마다 꽃이 피네

우리는 항상 걷고 있습니다. 하지만 보통은 달리기에 가깝습니다. 급하게 걸으면서 근심과 슬픔의 족적을 대지에 새깁니다. 평화의 한 걸음을 내디딜 수 있다면, 다음에 오는 둘, 셋, 넷, 다섯 걸음도 인류의 평화와 행복을 위해, 그리고 지구의 평화와 행복을 위해 걸을 수 있습니다.

걷기 명상은 그저 걷기를 즐기기 위해 걷는 것입니다. 어딘가에 도착하기 위해 걷지 않는 것, 그것이 기술입니다. 산스크리트어로 아프라니히타(apraṇihita, 무원無願)라는 단어가 있습니다. '소망 없음'이나 '목적 없음'이라는 의미인데, 자기 앞에 무엇을 두고 뒤쫓아가지 않는다는 뜻입니다. 우리는 걷기 명상을 할 때 이런 정신으로 걷습니다. 특별한 목적이나 목적지를 정하지 않고, 다만 걷는 것을 즐깁니다. 걷기 명상은 목적을 위한 수단이 아닙니다. 걷기 위해 걷습니다.

마치 원숭이가 한 장소에 머물지 않고 가지에서 가지로 건너다니듯이 우리의 마음은 한 대상에서 다른 대상으로 움직이려고 합니다. 생각에는 수백만 개의 경로가 있으며, 그 경로들은 우리를 영원히 망각의 세계로 끌어들입니다. 우리가 걷는 길을 명상의 장으로 바꿀 수 있다면, 우리의 발은 온전한 의식 속에서 모든 발걸음을 내디딜 것입니다. 호흡과 보행은 조화를 이루고, 마음은 자연히 편해질 것입니다. 우리가 내딛는 한걸음은 우리의 평화와 기쁨을 깊게 하고, 차분한 에너지의 흐름이 우리를 통해 흐르게 할 것입니다. 그러면 우리는 "한 걸음마다 부드러운 바람이 부네"라고 노래할 수 있습니다.

    걷기 명상은 걸을 때면 항상 실천할 수 있습니다. 차에서 내려서 직장 사무실까지, 부엌에서 거실까지 이동하는 사이에도 가능합니다. 어디를 걷더라도 충분한 시간을 가지세요. 3분 대신 8분이나 10분을 쓰세요. 나는 항상 한 시간 더 일찍 공항으로 출발하여 그곳에서 걷기 명상을 실천할 수 있도록 합니다. 친구들은 마지막 순간까지 저를 붙들어 두고 싶어 하지만 저는 거절합니다. 저에게 시간이 필요하다고 그들에게 말합니다. 걷기 명상은 먹는 것과 같습니다. 한 걸음마다 우리는 몸과 정신에 양식을 공급합니다. 불안과 슬픔을 안고 걸을 때, 그것은 일종의 정크 푸드를 먹는 것과 같습니다. 걷기 명상의 음식은 더 양질이어야 합니다. 천천히 걸으며 평화의 향연을 즐겨보세요.

    무스테는 "평화로 가는 길은 없다. 평화가 길이다."라고 말했습니다.° 마음챙김 걷기는 우리에게 평화와 기쁨을 가져다주고 우리의 인생을 진실하게 만듭니다. 왜 서두르시나요? 우리의 최종 목적지는 공동묘지일 뿐입니다. 한 걸음을 걷는 매 순간 평화를 누리며 생명의 방향으로 걸어가는 것은 어떨까요? 다툴 필요는 없습니다. 한 걸음 한 걸음 즐기세요. 그 한 걸음 한 걸음이 당신을 '지금 여기'라는 집으로 데려다줍니다. 이곳이 당신 본래의 집입니다. 인생이 가능한 것은 이 순간, 이 곳밖에 없기 때문입니다. 우리는 이미 도착했습니다.

대지는 우리의 어머니입니다. 우리가 어머니 자연과 너무 오래 떨어져 있으면 병에 걸립니다. 걷기 명상에서 한 걸음 뗄 때마다 우리는 어머니를 접함으로써 원기를 회복할 수 있습니다. 어머니 지구에 많은 피해가 가해졌으므로, 이제 우리의 발로 대지에 입맞추고 그 어머니를 치유할 시간입니다.

우리 중 걸을 수 없는 사람도 있습니다. 수련회에서 걷기 명상을 할 때, 걸을 수 없는 사람은 걷기 명상을 하는 사람을 한 사람 선택합니다. 그를 잘 보고, 그 사람과 하나 되어 그의 발걸음을 마음챙김을 하면서 따라갑니다. 걸을 수 없는 사람도 이렇게 그의 파트너와 함께 편안하고 차분한 발걸음을 내딛습니다.

○   A. J. Muste(1885~1967). 미국의 노동운동, 평화운동, 공민권 운동으로 활약한 목사. 《ブッダの幸せの瞑想》 p. 82 참조.

두 개의 다리를 가진 우리는 감사함을 잊지 말아야 합니다. 우리는 우리 자신을 위해 걷고, 또 걷지 못하는 사람들을 위해 걷습니다. 우리는 과거, 현재, 미래의 모든 살아있는 생명을 위해 걷습니다.

── 실천 ──

걷기 명상을 막 시작했다면, 아기가 첫걸음을 내딛는 것처럼 불균형을 느낄 수 있습니다. 호흡을 따르고 마음챙김을 하면서 발걸음을 옮기면 곧 균형을 찾을 수 있을 것입니다. 천천히 걷는 호랑이를 상상하면 당신의 발걸음이 그의 발걸음만큼 당당해진다는 것을 알게 될 것입니다.

아침에 걷기 명상을 시작하여, 맑은 아침 공기의 기운이 몸 안으로 들어오도록 하는 것이 좋습니다. 몸의 움직임은 부드러워지고 마음은 맑아질 것입니다. 하루 종일 자신의 행동에 대한 인식이 높아진 것을 알게 될 것입니다. 걷기 명상 후 결정하게 되면, 당신은 더 차분하고 맑아지고, 더 많은 통찰력과 자비심을 갖고 결정하게 된다는 것을 알게 될 것입니다. 당신이 내딛는 평화로운 발걸음마다, 원근에 관계없이 모든 존재가 그 은혜를 받을 것입니다.

걸으면서 내딛는 발걸음 하나하나에 주의를 기울이세요. 천천히 걸으세요. 서두르지 마세요. 그 한 걸음이 당신을 인생 최고의 순간으로 안내합니다. 걷기 명상에서 한 번의 호흡으로 몇 걸음을 내딛는지 알아차리는 연습을 하세요. 한번 숨을 들이쉬고 내쉴 때 얼마나 많은 걸음을 내딛는지 알아차리세요. 걷기 명상에서 우리는 호흡에 우리의 발걸음을 맞추는 것이지 그 반대가 아닙니다. 한번 숨을 들이마실 때, 두 걸음을 걸을까 세 걸음을 걸을까는 당신의 폐활량에 따라 달라집니다. 한번 숨을 들이쉬는 동안 폐가 두 걸음을 원하면 정확히 두 걸음을 내딛으세요. 세 걸음으로 기분이 좋아지면 세 걸음으로 하세요. 숨을 내쉴 때 폐에도 귀를 기울여 보세요. 숨을 내쉴 때 폐가 원하는 걸음 수를 알아보세요.

　　일반적으로 들숨은 날숨보다 짧습니다. 따라서 시작할 때는 들숨에 두 걸음, 날숨에 세 걸음으로 하는 것이 좋습니다. 아니면 들숨에 세 걸음, 날숨에 네 걸음이 될 수도 있습니다. 계속하면 호흡이 자연스럽게 느려지고 편안해집니다. 숨을 들이마시면서 한 걸음 더 나아가야 한다고 느끼면, 그것을 즐기도록 하세요. 숨을 내쉬면서 한 걸음 더 나아가고 싶다고 느낄 때마다, 숨을 내쉬면서 한 걸음 더 걸으세요. 모든 걸음이 즐거워야 합니다.

　　호흡을 통제하려고 하지 마세요. 충분한 시간에 걸쳐 폐에 필요한 만큼의 공기를 받아들이면서, 폐가 채워질 때까지 몇 걸음 걸리는지, 폐가 텅 빌 때까지 몇 걸음을 내딛는지를 그저 알아차리고, 호흡과 발걸음 양쪽에 마음챙김을 하면 됩니다. 이때 호흡과 발걸음 양쪽을 잇는 것은 세는 행위입니다.

오르막길이나 내리막길을 걸을 때에는 호흡 한 번에 걸음 수가 달라집니다. 항상 폐의 필요를 따르세요. 폐를 깊이 관찰하세요. 미소 짓기를 잊지 마세요. 당신의 가벼운 미소는 발걸음과 호흡에 평온함과 즐거움을 가져다줄 것이며, 주의력을 유지하는 데 도움이 될 것입니다. 30분 또는 1시간 동안 실천한 후에는 호흡, 걸음, 숫자 세기, 가벼운 미소가 모두 무리 없이 하나가 되는 것을 알게 될 것입니다.

어느 정도 실천을 하고 나면 들숨과 날숨의 길이가 비슷해지는 것을 알게 될 것입니다. 폐가 건강해지고 혈액 순환이 개선됩니다. 당신의 호흡 방식이 바뀌었기 때문입니다.

걷기 명상은 걸음 수를 세는 것 이외에도 말을 사용해도 가능합니다. 예를 들어 호흡의 리듬이 3-3이라면 우리는 걸으면서 속으로 "연/꽃이/핀다. - 연/꽃이/핀다." 또는 "녹/색의/지구. - 녹/색의/지구."라고 말할 수 있습니다. 리듬이 2-3이면 "연/꽃, - 연/꽃이/핀다."가 됩니다. 다섯 번 들이쉬고 다섯 번 내쉰다면 이렇게 말할 수 있습니다. "녹/색의/지구/위를/걷는다. - 녹/색의/지구/위를/걷는다." 또는 5-6이라면 "녹/색의/지구/위를/걷는다. - 나는/녹/색의/지구/위를/걷는다."가 됩니다.

우리는 말만 하지 않습니다. 우리는 정말로 발아래에서 꽃이 피는 것을 봅니다. 우리는 녹색 지구와 진정으로 하나가 됩니다. 독창성과 지혜를 자유롭게 사용하여, 자신만의 말을 만드세요. 저는 아래와 같이 써보았습니다.

한 걸음마다 평화
붉게 빛나는 태양이 내 마음
꽃들은 나와 함께 미소 짓는다
녹색으로 신선하게 자라나는 모든 생명
시원한 바람도 부네
한 걸음마다 평화
이 한 걸음은 끝없는 길을 기쁨으로 바꾼다

당신은 매일 어딘가를 걷고 있습니다. 따라서 일상에 걷기 명상을 추가해도 시간이 더 필요하거나 다른 곳으로 갈 필요가 없습니다. 매일 걷기 명상을 할 장소(계단, 진입로 또는 한 나무에서 다른 나무까지의 거리)를 선택하세요. 모든 길이 걷기 명상의 길이 될 수 있습니다.

아침에 깨어나기

우리는 행복한 미소를 지으며, 사랑과 이해의 길에 헌신하려는 소망으로 하루를 시작할 수 있습니다. 우리는 오늘이 진정 새로운 날이며, 우리에게 24시간이라는 소중한 시간이 있다는 것을 알고 있습니다.

— 실천 —

아침에 일어나서 눈을 뜨면, 가타(게송)라고 불리는 짧은 마음챙김 구절을 암송해 보세요.

> 오늘 아침에 깨어나 미소 짓는다
> 내 앞에는 새로운 24시간이 기다린다
> 나는 서원한다, 매 순간을 충실히 살 것을
> 살아 있는 모든 존재를 자비의 눈으로 볼 것을

이 게송의 마지막 행은 『법화경』에 나옵니다.*° 모든 중생을 자비의 눈으로 바라보는 사람은 세상의 울음소리에 귀 기울이는 관세음보살입니다. 경전에는 "자애의 눈으로 모든 중생을 보느니라."라고 되어 있습니다. 사랑은 이해 없이는 불가능합니다. 다른 사람을 이해하기 위해서는 그들을 알고 그 사람의 몸이 되어 느껴야 합니다. 그럴 때 우리는 그들을 자애심으로 대할 수 있습니다. 사랑의 원천은 완전히 깨어 있는 우리의 마음입니다.

잠에서 깬 후 커튼을 열고 밖을 내다볼 수도 있습니다. 창문을 열고 풀밭에 아직 이슬이 맺혀 있는 아침의 선선한 공기를 느끼고 싶을 수도 있습니다. 창문을 열고 밖을 내다보면 인생이 한없이 경이롭다는 것을 알게 됩니다. 바로 그 순간, 오늘 하루종일 깨어 있으면서 기쁨과 평화와 자유와 화합을 실현해 나가겠다고 서원할 수 있습니다. 이렇게 하면 마음이 잔잔한 강물처럼 맑아집니다.

심호흡을 세 차례 즐긴 후 바로 침대에서 일어나 마음챙김 상태에 들어가도록 하세요. 기상 시간에 꾸물대지 마세요. 혈액순환을 위해 앉아서 머리, 목, 어깨, 팔을 부드럽게 마사지할 수도 있습니다. 관절을 풀고 몸을 깨우기 위해 몇 가지 스트레칭을 하는 것이 좋습니다. 아침에 제일 먼저 따뜻한 물 한 잔을 마시는 것도 우리 몸의 작용을 돕는 데 좋습니다.

- Thich Nhat Hanh, *Peaceful Action, Open Heart: Insights on the Lotus Sutra* (Berkeley, CA: Parallax Press, 2008) 참조.
- 具一切功德 慈眼示衆生: 일체의 공덕을 갖춘 자비의 눈으로 중생을 본다.(『법화경』제25관세음보살보문품) 시마다 게이스케와 마고메 구미코 일역 《ブッダの후세の瞑想》p. 83 참조.

직장이나 학교, 명상실로 향하기 전에 몸을 씻거나 필요한 일을 하세요. 시간에 여유를 가진다면 서두를 필요가 없습니다. 일찍 일어나 충분한 여유가 있을 때는 아직 어두운 아침 하늘을 즐겨보세요. 수많은 별들이 반짝이며 우리를 맞이합니다. 심호흡하면서 시원하고 신선한 공기를 즐기세요. 차, 학교, 직장 또는 명상실로 천천히 걸어가면서, 아침이 당신의 존재를 채우게 하고 새로운 날의 기쁨을 향해 당신의 심신을 깨우세요.

하루를 시작하기에 미소보다 더 좋은 방법이 있을까요? 당신의 미소는 알아차림의 증거이고, 평화와 기쁨 속에서 살겠다는 결의의 표시입니다. 지금까지 망각 속에 산 날이 얼마나 많습니까? 당신은 당신의 인생에서 무엇을 하고 있습니까? 깊이 보고 웃으세요. 참된 미소는 깨어 있는 마음에서 나옵니다.

잠에서 깼을 때 미소 짓는 것을 잊지 않게 하는 방법은 없을까요? 창문이나 침대 위 천장에 나뭇가지, 잎사귀, 그림 또는 영감을 주는 글귀와 같은 알림을 걸 수 있습니다. 미소 짓기 실천을 몸에 익히게 되면 더 이상 알림이나 사인이 필요하지 않을 수 있습니다. 새가 지저귀는 소리를 듣거나 창문으로 들어오는 햇빛을 보자마자 미소가 지어지며, 이는 하루를 좀 더 부드럽고 이해심 있게 다가가는 데 도움이 될 것입니다.

마음챙김의 종

때때로 우리는 의식적인 호흡으로 돌아가도록 상기시켜 줄 소리가 필요합니다. 우리는 이러한 소리를 "마음챙김의 종"이라고 합니다. 플럼빌리지와 그 밖의 다른 명상 센터에서는, 전화벨 소리, 시계 소리, 사원의 종이 울리는 소리를 들을 때마다 멈춥니다. 이런 소리는 마음챙김의 종입니다. 종소리가 들리면 말하는 것도 움직이는 것도 멈춥니다. 몸의 긴장을 풀고 호흡을 알아차립니다. 자연스럽게, 즐겁게, 엄숙함이나 딱딱함 없이 합니다. 일단 멈춰서 숨을 쉬고 고요함과 평안을 회복할 때, 우리는 자유로워지고, 일이 더 즐거워지고, 우리 앞에 있는 친구는 더 확실한 존재가 됩니다.

때때로 우리 몸을 내 집처럼 느낄 수 있다고 해도, 우리가 진짜 내 집에 있는 것은 아닙니다. 우리의 마음은 딴 곳에 있습니다. 종은 마음을 몸으로 데려다줍니다. 사찰에서 우리는 그렇게 수행하고 있습니다. 우리 자신에게로, 지금 이 순간으로 데려다주는 종을 친구라고, 또는 자기 자신을 다시 깨워주는 보살이라고 생각합니다.

집에 있을 때 우리는 전화벨 소리, 이웃 교회 종소리, 아기 울음소리, 심지어 사이렌 소리나 자동차 경적 소리도 마음챙김의 종소리로 사용할 수 있습니다. 단 세 번의 의식적인 호흡으로 우리는 몸과 마음의 긴장을 풀고, 조용하고 맑은 존재로 돌아갈 수 있습니다.

베트남에서 나는 사찰의 종소리를 자주 들었습니다. 서양에 왔을 때 범종은 없었습니다. 교회 종소리만 들었습니다. 유럽에 머문 지 몇 년째가 되던 어느 날 나는 프라하에서 걷기 명상을 하고 있었습니다. 갑자기 교회 종소리가 들렸고, 처음으로 고대로부터 내려오는 유럽의 혼에 깊이 접할 수 있었습니다. 그 이후로 스위스에서든 프랑스에서든 러시아에서든 나는 교회 종소리를 들을 때마다 유럽의 혼에 깊이 접합니다. 스스로 명상하지 않는다면 종소리는 큰 의미가 없습니다. 그러나 명상한다면 그 소리는 우리에게 매우 영적인 의미를 갖게 될 것이며, 우리 안에 있는 가장 놀라운 것들을 깨울 것입니다.

플럼빌리지에서는 종을 '친다'고 말하지 않고, '종소리를 초대한다'고 말합니다. 그리고 종을 초대하는 사람은 벨 마스터(bell master)입니다. 종을 초대하는 나무 막대기를 우리는 '초대자(inviter)'라고 부릅니다. 종에는 여러 종류가 있습니다. 플럼빌리지나 이웃 전체가 들을 수 있는 큰 종(범종梵鍾), 활동을 알리고 명상센터 전체에서 들을 수 있는 작은 종(반종半鐘), 호흡 명상과 앉기 명상을 도와주는 명상실의 사발 종(경자磬子), 그리고 가장 작은 종 중 하나인 미니 벨이 있습니다.° 그것은 주머니에 쏙 들어가 어디를 가든 휴대할 수 있습니다.

종을 초대할 수 있도록 자신을 수련하는 것은 매우 중요합니다. 우리가 단단하고, 깨어 있고, 자유롭고, 마음챙김을 아주 잘한다면, 우리가 내는 종소리는 그것을 듣는 사람들이 그들 내면의 가장 깊은 곳에 접하도록 도울 수 있습니다.

실천

벨 마스터의 역할을 받아들여서 종을 초대할 때 가장 먼저 하는 일은 종을 향해 절하는 것입니다. 종은 당신의 마음을 몸으로 데려오는 것을 도와주는 친구입니다. 마음과 몸이 하나가 되면 우리는 금방 지금 여기에 존재하게 되고, 인생을 깊이 살 수 있습니다.

손에 쏙 들어오는 작은 종이 있다면 그 종에 절을 한 후 그 작은 종을 손바닥에 쥡니다. 당신의 손이 다섯 개의 꽃잎을 가진 연꽃이고 작은 종은 연꽃 속의 보석이라고 상상해 보세요. 이렇게 종을 쥐고 있는 동안, 숨을 들이쉬고 내쉬며 마음챙김 호흡을 합니다. 마음을 몸으로 되돌려 진정으로 존재하게 할 수 있도록

○ 한자 종명에 대해서는 《ブッダの幸せの瞑想》 54쪽을 참조했다.

도와주는 시가 있습니다. 지금 여기에 진정으로 존재하지 않는 사람은 훌륭한 벨 마스터가 될 수 없습니다. 이 시를 읽으면서 두 번 숨을 들이마시고 내쉬면, 당신은 벨 마스터로서의 준비가 되었습니다.

> 몸, 말, 마음이 완전한 하나가 되어
> 마음을 이 종소리와 함께 보내네
> 이 종을 듣는 사람이 망각에서 깨어나고
> 불안과 슬픔의 길을 건너갈 수 있기를

이 4행시의 첫째 줄은 들이쉼, 두 번째 줄은 내쉼, 세 번째 줄은 들이쉼, 네 번째 줄은 내쉼입니다. 이 게송을 기억하지 못하더라도 괜찮습니다. 들이쉬면서 들숨을 즐기고 내쉬면서 날숨을 즐깁니다. 그것만으로 당신도 벨 마스터가 될 수 있습니다. 그런데 게송은 참 아름답습니다. 이것으로 종소리를 초대할 준비가 다 되었습니다.

　우선 종의 가장자리를 살며시 울려서, 부드럽게 종을 깨우세요. 그것은 종과 사람들에게 매우 중요한 예고입니다. 종을 부드럽게 접하면, 종이 우릴 놀라게 하지 않을 것입니다. 그리고 '진짜 종소리가 올 것입니다'라는 벨 마스터로부터의 예고가 있다면, 듣는 사람들은 자기 자신으로 돌아가 소리를 받아들일 준비를 하게 됩니다. 수행처에서 종소리는 우리에게 '본래의 집으로 오세요'라고 부르는, 우리 속에 계신 부처님의 목소리와 같습니다. 종을 깨우면 사람들은 생각하는 것도 말하는 것도 멈추고 종소리를 기다리며 자신들의 호흡으로 다시 돌아갑니다. 완전한 종소리에 대비할 수 있도록 듣는 사람에게 충분한 시간을 주어야 합니다. 그들에게 한 번의 들숨과 한 번의 날숨의 시간을 줍니다. 그들은 흥분해 있거나 무슨 말을 하거나 뭔가를 생각하고 있을 수 있습니다. 그러나 부드러운 종소리가 들리면 생각, 말, 행동 일체를 멈추고, 종소리를 들을 준비를 해야 한다는 것을 알게 됩니다.

그러면 이제 온전한 종소리를 초대합니다. 세 차례 숨을 깊이 들이마시고, 내쉬세요. 들숨을 즐기고 날숨을 즐긴다면, 그리고 세 차례 들숨과 날숨을 쉬게 되면, 당신은 마음이 편해지고, 고요해지고, 평온해지고, 마음챙김을 하게 됩니다. 숨을 들이쉬고 내쉬면서 아래 시를 마음속으로 읊어보세요.

> 들어 보세요, 들어 보세요
> 이 놀라운 종소리는
> 나를 본래의 집으로
> 다시 데려오네

"들어 보세요, 들어 보세요"는 숨을 들이마실 때 온 마음을 다해 듣는다는 뜻입니다. 나의 "본래의 집"이란 지금 여기에 존재하는 모든 경이로움을 가진 인생입니다. 깊이 명상을 잘하면, 종소리에 이끌려 집에 간 당신은 언제나 신의 왕국과 부처님의 정토에 접할 수 있습니다.

전화 명상

당신이 올바른 화법을 사용할 때 그 말이 미치는 영향을 과소평가하지 마세요. 우리가 하는 말은 이해와 사랑을 키워줄 수 있습니다. 말은 보석처럼 아름다울 수 있고, 꽃처럼 사랑스러울 수 있으며, 많은 사람을 행복하게 할 수 있습니다. 그러나 종종 우리는 전화 통화를 할 때 한 번에 너무 많은 일을 하느라 대화에 집중할 수 없습니다.

전화는 매우 편리한 통신 수단이며, 휴대 전화는 그 이상입니다. 여행 시간과 비용을 절약할 수 있습니다. 그러나 전화는 횡포를 부리기도 합니다. 그것이 늘 울리면 우리는 방해 받고, 많은 것을 이룰 수 없습니다. 자각 없이 전화 통화를 하면 소중한 시간과 돈을 낭비하게 됩니다. 지금 이 순간에 모든 기쁨이 우리 주변에서 일어나고 있는데, 우리는 종종 중요하지 않은 말을 하느라 손을 잡아달라고 조르는 어린아이, 노래하는 새, 빛나는 태양 등을 놓치고 맙니다.

전화벨이 울리면 벨은 우리 안에 일종의 진동을 만들어 냅니다. 그것은 불안일지도 모릅니다. '누굴까? 좋은 소식일까, 아니면 나쁜 소식일까?' 우리를 전화기로 끌어당기는 힘이 있고, 우리는 저항할 수 없습니다. 우리는 자신이 사용하는 전화의 피해자가 될 수 있습니다.

실천

다음번에 전화벨이 울리면, 있는 그 자리에 그대로 있으면서 호흡을 알아차리세요. "숨을 들이쉬면서 몸을 고요히 한다. 숨을 내쉬며 미소 짓는다." 두 번째 전화벨이 울리면 다시 숨을 쉽니다. 세 번째 울리면 호흡을 계속하고, 그 뒤에 수화기를 듭니다. 당신은 당신 자신의 주인이고, 부처님처럼 움직이며 마음챙김에 머물 수 있다는 것을 잊지 마세요. 당신은 전화를 받으면서 미소를 짓습니다. 자신을 위해서만이 아니라 상대방을 위해서도 그렇게 합니다. 짜증을 내거나 화를 내면 상대방은 당신의 부정적인 에너지를 받습니다. 그러나 당신이 미소 지으니 전화하는 상대는 얼마나 행운입니까!

전화를 걸기 전에 두 번 숨을 들이쉬고 내쉬면서 다음 구절을 외우세요.

> 말은 수천 킬로를 이동하네
> 내 말이, 상호 이해와 사랑을 일으키고
> 보석처럼 아름답고
> 꽃처럼 사랑스럽기를

그런 다음, 전화기를 들고 전화를 거세요. 벨이 울리면 아마도 당신의 친구는 숨을 쉬고 미소를 지으며 세 번째 벨이 울릴 때까지 전화를 받지 않을 것입니다. 호흡을 계속하세요. "숨을 들이쉬면서 몸을 고요히 한다. 숨을 내쉬며 미소 짓는다." 둘 다 전화하면서 숨을 쉬고 미소 짓고 있습니다. 이것은 매우 아름답습니다! 이 멋진 명상을 하기 위해 명상 센터로 갈 필요가 없습니다. 집이나 사무실에서 가능합니다. 전화 명상은 스트레스와 우울증을 해소할 수 있고, 부처님을 일상의 가운데로 모셔 올 수 있습니다.

절하기

누군가에게 절하며 인사할 때, 우리는 그 사람과 함께 있을 기회를, 우리와 그 사람 안에 있는 완전한 깨달음의 능력을 인정할 수 있는 기회를 가집니다. 우리가 절하는 것은 단지 예의 바르거나 외교적이어서가 아니라, 살아있다는 기적과 우리 각자가 가진 깨달음의 가능성을 확인하기 위해서입니다. 중요한 것은 절을 하느냐 마느냐가 아니라, 마음챙김으로 하는 것입니다.

─── 실천 ───

누군가 합장하고 우리에게 절하는 것을 보면 우리도 똑같이 할 수 있습니다. 합장하고 숨을 들이마시며 조용히 "당신을 위한 연꽃"이라고 말합니다. 머리를 숙이고 숨을 내쉬며 "부처님이 되소서"라고 말합니다. 우리는 그 사람이 우리 앞에 존재한다는 것을 진정으로 자각하고, 마음챙김을 하면서 합장하고 절합니다. 진심을 다해 절합니다. 때때로 꽃이든 석양이든 나무든 차가운 빗방울 등 우리 앞에 존재하는 것들과 깊은 연결을 느낄 때, 생명의 경이로움에 대한 경외심이 일어날 때, 우리의 존재를 바치고 감사를 표하기 위해서도 이렇게 절을 합니다.

부처님께 절하면서 우리는 우리 자신 안에 내재하고 있는 깨달음의 능력을 완전히 자각합니다. 이런 이해와 실천으로 부처님께 경의를 표하는 것은, 그저 귀의한다는 것만이 아니라 지혜의 실천이기도 합니다. 위대한 보살들에게 절할 때 우리는 그들이 드러내는 자질에 깊이 접하고, 그런 모범을 따르는 사람들에게 깊은 감사를 드립니다. 위대한 보살들에게 경의를 표하는 것은, 우리도 보살도를 실천하고 자신 안에 이해, 사랑, 자비의 에너지를 기르겠다는 약속을 보여주는 것입니다. 이 정신으로 절하는 것이 명상의 실천입니다.

게송

숨쉬기, 앉기, 걷기 명상은 놀라운 명상입니다. 그러나 일상에서 너무 바쁜 우리는 마음챙김을 하면서 숨 쉬거나 걷겠다고 하면서도 그런 의도를 망각합니다. 그럴 때 게송(Gathas)이나 마음챙김 시를 사용하는 실천이 '지금 이 순간'에 머물도록 도와줍니다. 게송은 일상에서 마음챙김을 연습하는 데 도움이 되는 짧은 시입니다. 게송은 우리가 종종 당연하게 여기는 단순한 행동을 더 깊고 넓게 경험하게 합니다. 마음을 게송에 집중하면서 우리는 자신에게로 돌아가 행위 하나하나를 더 잘 자각하게 됩니다. 게송이 끝나면 우리는 더 높아진 주의력으로 활동을 계속합니다. 내가 사는 프랑스 플럼빌리지에서는 아침에 일어날 때, 명상실에 들어갈 때, 식사할 때, 설거지할 때 게송을 욉니다. 사실, 우리는 지금 이 순간에 주의를 기울이는 데 도움을 받으려 하루 종일 조용히 게송을 암송합니다.

    차를 운전할 때 표지판은 길을 찾는 데 도움이 됩니다. 표지판을 보면 그것은 다음 표지판까지 길을 안내해 줍니다. 게송을 사용한 실천에서는, 게송이 우리의 일상적인 활동을 이끌 수 있고, 우리는 알아차림 속에서 하루 종일 지낼 수 있습니다.

실천

수도꼭지를 틀 때 물이 얼마나 소중한지 깊이 들여다보세요. 세상에는 마실 물이 부족한 사람들이 너무 많으니 한 방울도 낭비하지 마세요.

> 물은 산봉우리에서 내려와서
> 대지 깊숙이 흘러가네
> 기적처럼 우리에게 와서
> 모든 생명을 살리는 물이여

이를 닦으며 당신은 사랑의 말을 사용해 다음 게송으로 서원할 수도 있습니다.

> 양치질하고 입을 헹구면서
> 깨끗하고 다정하게 말할 것을 맹세한다
> 내 입에서 바른 말의 향기가 날 때
> 마음의 정원에 꽃이 피네

자동차 시동을 걸기 전, 다음 게송을 암송하면서 안전한 여행을 준비할 수 있습니다.

운전하기 전에 확실히 알아두자
자신이 어디로 가는가를
차와 나는 일심동체
차가 급하면 나도 급해지네

게송은 심신을 하나로 만듭니다. 차분하고 깨끗한 마음으로 몸의 움직임을 완전히 인식하면 교통사고를 당할 가능성이 줄어듭니다.

    게송은 마음과 몸의 양식이며, 평화, 평온, 기쁨을 주고, 당신은 이것들을 다른 사람들과 나눌 수 있습니다. 게송은 하루의 모든 순간에 계속해서 명상 수련을 할 수 있도록 도와줍니다. 여기에 소개된 게송에서 시작하거나 『현재의 순간 경이의 순간(Present Moment Wonderful Moment)』을 참조하세요.● 물론 게송을 스스로 지을 수도 있습니다. 게송 짓기는 예전부터 선(禪)의 전통에 있었고, 저도 그 전통을 스승으로부터 물려받아 제자들에게 전하고 있습니다.

●   Thich Nhat Hanh, *Present Moment Wonderful Momentt: Mindfulness Verses for Daily Living* 그리고 *Present Moment Wonderful Moment: 52 Inspirational Cards and a Companion Book* (Berkeley, CA: Parallax Press, 2006) 참조.

나는 도착했다, 본래의 집에

당신이 뉴욕행 비행기에 타고 있다고 합시다. 기내에서 자리에 앉으면 '저쪽에 도착하기까지 여섯 시간 동안 여기 앉아 있어야 하네'라고 생각합니다. 비행기에 앉아 있으면서도 뉴욕만 생각하고 있다면 지금 당신에게 주어진 순간을 살 수 없습니다. 그러나 모든 발걸음을 즐기면서 비행기로 오를 수도 있습니다. 평화롭고 행복하기 위해 뉴욕에 도착할 필요는 없습니다. 비행기에 오르는 동안 한 걸음 한 걸음이 행복을 가져다주고, 매 순간 도착합니다. 도착한다는 것은 어딘가에 도착한다는 뜻입니다. 걷기명상을 할 때 우리는 인생의 목적지에 매 순간 도착합니다. 지금 이 순간이 목적지입니다. 숨을 들이쉬면서 나는 한 걸음 또 한 걸음을 내딛고, 스스로에게 "도착했다, 도착했다."라고 말합니다.

'도착했다'는 것이 실천입니다. 숨을 들이마실 때 우리는 그 들숨에 모든 것을 맡기며 "도착했다"라고 말합니다. 한 걸음 내디딜 때, 우리는 그 발걸음에 모든 것을 맡기며 "도착했다"라고 말합니다. 이것은 자신이나 다른 사람에게 주는 알림이 아닙니다. '도착했다'는 것은 달리기를 멈추고 지금 이 순간에 도착했다는 뜻입니다. 오직 그 순간만이 생명을 담고 있기 때문입니다. 내가 숨을 들이쉬면서 그 들숨을 귀의처로 삼을 때, 나는 인생에 깊이 접합니다. 한 걸음 내딛고 그 발걸음을 완전히 귀의처로 삼을 때 나도 인생에 깊이 접하고, 그렇게 함으로써 달리기를 멈춥니다.

달리기를 멈추는 것은 매우 중요한 실천입니다. 우리는 평생 달려왔습니다. 우리는 평화, 행복, 성공이 다른 장소와 시간에 존재한다고 믿습니다. 평화, 행복, 안정 등 모든 것을 지금 여기에서 찾아야 한다는 사실을 모릅니다. 지금과 여기의 교차점인 이곳이 인생의 주소입니다.

이 명상을 수행할 때 우리는 매 순간 도착합니다. 본래의 우리 집은 지금 이 순간에 존재합니다. 이 순간에 깊이 들어가면 후회와 슬픔은 사라지고, 생명의 모든 경이로움을 발견하게 됩니다.

—— 실천 ——

나는 도착했다. 내 집에
이 순간에, 여기에
나는 단단하고 자유롭다
궁극의 자리에 나는 머문다

이 게송은 걷기 명상을 하면서 실천하기에 아주 좋습니다. 숨을 들이마시면서 한 걸음마다 "도착"이라고 말하고, 숨을 내쉬면서 한 걸음마다 "집"이라고 말합니다. 들숨과 날숨의 리듬이 2-3이면 "도착, 도착. 집, 집, 집"이라고 말하며, 호흡의 리듬에 맞춰 말과 발걸음을 조율합니다.

"도착"과 "집"을 한동안 실천한 후, 각 단계와 호흡에 편안함과 완전한 존재감을 느끼면, "지금, 여기"로 전환할 수 있습니다. 말은 달라도 실천의 모습은 같습니다.

이 게송은 앉기 명상에도 잘 어울립니다. 숨을 들이마시면서 우리는 스스로에게 "나는 도착했다"라고 말합니다. 숨을 내쉬며 "내 집에"라고 말합니다. 그렇게 할 때 우리는 산만한 마음을 극복하고, 우리가 살아갈 수 있는 유일한 순간인 지금 이 순간에 평화롭게 머물 수 있습니다.

"도착했다"는 것은 성명이나 선언이 아니라 실천입니다. 나는 지금 여기에 도착했으므로, 인생의 모든 경이에 깊이 접할 수 있습니다. 비는 경이입니다. 햇빛은 경이입니다. 나무도 경이입니다. 아이들의 얼굴도 경이입니다. 당신 주변과 당신 안에 생명의 경이가 너무나도 많습니다. 당신의 눈은 경이입니다. 모든 종류의 색깔과 모습을 보려면 눈을 뜨기만 하면 됩니다. 당신의 심장도 경이입니다. 심장 박동이 멈추면 아무것도 지속되지 않으니까요.

지금 이 순간으로 돌아가면, 당신 내면과 주변에 있는 생명의 경이를 접하는 것입니다. 이 순간을 즐기세요. 평화와 기쁨을 누리기 위해 내일을 기다릴 필요가 없습니다. 당신이 숨을 들이마시며 "나는 도착했다"라고 말할 때, 당신은 정말로 도착했는지 아닌지, 아직 달리고 있는지 아닌지를 알 수 있습니다. 조용히 앉아 있어도 마음은 여전히 달리고 있을지도 모릅니다. 도착했다고 느끼면 당신은 정말 행복할 것입니다. 당신은 친구에게 "친구여, 내가 정말 도착했어."라고 말해야 합니다. 이는 기쁜 소식입니다.

귀의

위험이나 곤란에 직면했을 때, 또는 우리 자신을 잃어버렸다는 기분이 들 때, 우리는 귀의의 명상을 실천할 수 있습니다. 크게 당황하거나 절망에 빠지는 대신, 우리 안에 있는 자기 치유의 힘, 자기 이해의 능력, 사랑의 힘을 믿을 수 있습니다. 우리는 이것을 우리가 피난할 수 있는 자기 안의 섬이라고 부릅니다. 이곳은 평화, 신뢰, 단단함, 사랑, 자유의 섬입니다. 스스로 자신 안의 섬이 되세요. 다른 곳에서 찾을 필요가 없습니다.

 누구라도 안전하고 보호받는다고 느끼고, 평온함을 느끼고 싶습니다. 그래서 혼란스럽고 압도당하고 고통으로 가득 차 있는 상황에서 우리는 부처님, 우리 내부의 부처님을 귀의처로 삼는 수행을 해야 합니다. 우리 각자에게는 불성의 씨앗이 있습니다. 다시 말해 평온과 이해의 능력과 자비의 능력이 있고, 우리 각자 안의 안전한 섬으로 귀의해 인간다움, 평화, 희망을 유지할 능력이 있습니다. 이렇게 실천하면 우리는 스스로 평화와 자비의 섬이 되고, 다른 사람들도 그렇게 되도록 영감을 줄 수 있습니다.

── **실천** ──

어디에 있든 자기 자신에게로 돌아갈 수 있도록 아래 게송을 활용해 봅시다.

> 숨을 들이마시면서, 내 안의 섬으로 돌아가네
> 아름다운 나무들이 무성한 섬
> 시원한 물줄기가 흐르고,
> 새, 햇빛, 신선한 공기로 가득한 섬
> 숨을 내쉬면서 편안함을 느끼네

우리는 바다를 건너는 배와 같습니다. 배가 폭풍을 만나 모두가 당황하면 배는 뒤집힐 것입니다. 하지만 침착함을 유지할 수 있는 한 사람만 있어도, 다른 사람들도 영감을 받아 침착해집니다. 그러면 배 안에 희망이 가득해집니다. 그런 재난의 상황에서도 침착함을 유지할 수 있는 사람은 누구인가요? 우리 각자가 바로 그 사람입니다. 우리는 서로에게 의지합니다.

다섯 가지 마음챙김 수행법

다섯 가지 마음챙김 수행법은 마음챙김을 행하는 가장 구체적인 방법 중 하나입니다. 무종파적이고 보편적이며, 진정 자비와 이해의 실천입니다. 모든 영적 전통에는 다섯 가지 마음챙김 수행법과 유사한 지침이나 이정표가 있는데, 이런 지침이나 이정표는 우리 사회에 존재하는 다양하고 때로는 해로운 일체의 선택지에 대처하기 위한 것입니다.

제1의 수행법은 생명을 보호하고 자신과 가정과 사회에서 폭력을 줄이는 것입니다. 제2의 수행법은 사회 정의, 관대함, 훔치지 않기, 다른 생명을 착취하지 않기를 실천하는 것입니다. 제3의 수행법은 개인, 커플, 가족, 자녀를 보호하기 위해 책임 있는 성적 행위를 실천하는 것입니다. 제4의 수행법은 대화를 회복하고 화해가 일어나도록 깊은 경청과 사랑의 말을 실천하는 것입니다. 제5의 수행법은 우리 몸과 마음에 독소와 해악을 가져오지 않도록 도와주는 마음챙김 소비에 관한 것입니다. 이 수행법은 폭력, 갈망, 증오처럼 많은 독을 포함하는 텔레비전, 잡지, 영화 등을 소비하지 않도록 도와줍니다.

다섯 가지 마음챙김 수행법은 부처님 시대에 개발된 계율에 기초한 것으로, 재가자 수행 공동체 전체를 위한 수행의 기초가 됩니다.

마음챙김이 각 수행법 모두의 기반이므로, 저는 이 계율들을 현대에 맞는 다섯 가지 마음챙김 수행법으로 옮겼습니다. 마음챙김을 통해 우리는 몸과 감정, 마음, 그리고 세상에서 무슨 일이 일어나고 있는지를 알고 자신과 타인에 대한 위해를 피합니다. 마음챙김은 우리 자신과 가족과 사회를 보호하고, 안전하고 행복한 현재와 미래를 보장합니다. 마음챙김을 하게 되면 우리는 어떤 일을 자제한다는 것이 곧 그 일의 발생을 방지하는 것임을 알 수 있습니다. 우리는 우리 자신의 고유한 통찰력에 도달하는데, 이 통찰력은 외부의 권위가 주는 것이 아니라 스스로 관찰한 결과입니다. 그러므로 마음챙김 수행법을 실천하면 우리는 더 침착해지고 집중할 수 있으며, 더 많은 통찰과 깨달음을 얻게 되어 마음챙김 수행법의 실천을 더 단단하게 만들 수 있습니다.

제 전통의 수행 센터에서는 출가자와 재가자 모두가 마음챙김 수행을 돕고 서로 함께 조화롭게 살아가기 위해 이러한 수행법을 준수하는 데 동의합니다. 금연, 금주, 성적 비행 금지는 우리 수행 센터에서 지켜야 할 다섯 가지 마음챙김 수행법의 일부입니다.

누구나 언제든지 다섯 가지 마음챙김 수행법에 따라서 살기로 결정할 수 있습니다. 다섯 가지 마음챙김 수행법을 행하면, 우리는 보살이 되어서 조화를 만들고, 환경을 보호하고, 평화를 지키고, 형제·자매애를 키웁니다. 우리는 우리 문화의 아름다움, 다른 문화의 아름다움과 지구의 모든 아름다움을 보호합니다. 다섯 가지 마음챙김 수행법을 가슴에 새기면 우리는 이미 변화와 치유의 길을 걷고 있는 것입니다.

실천

제1의 마음챙김 수행법

나는 생명의 파괴로 인한 고통을 깨달아 상호존재의 통찰과 자비심을 기르기를, 그리고 사람·동물·식물·광물의 생명을 보호하는 방법을 배울 것을 약속합니다. 나는 살생하지 않고, 다른 사람도 살생하지 못하도록 할 것을, 이 세상과 나의 사고방식이나 생활 방식에 있어서 어떠한 살생도 용인하지 않을 것을 결심합니다. 분노, 두려움, 탐욕, 불관용에서 해로운 행위가 일어나고, 이분법적, 차별적 사고에서 불관용이 비롯된다는 사실을 인식하고서, 나는 내 자신과 세상의 폭력, 광신주의, 독단주의를 바꾸기 위해 개방성, 무차별, 견해에 대한 무집착을 기릅니다.

제2의 마음챙김 수행법

나는 착취, 사회적 부정의, 도둑질, 억압으로 일어나는 고통을 깨달아 생각·말·행동으로 관대함을 실천할 것을 약속하고, 남의 것을 훔치지도 가지지도 않겠다고 결심합니다. 나의 시간, 에너지, 물적 자원을 어려운 사람들과 나누겠습니다. 나는 깊이 들여다보는 연습을 통해 다른 사람의 행복과 고통은 내 자신의 행복과 고통과 별개가 아니며, 진정한 행복은 이해와 자비 없이는 불가능함을, 그리고 부, 명성, 권력, 감각적 쾌락을 좇아다니는 것은 많은 고통과 절망을 가져올 수 있다는 사실을 깨닫겠습니다. 나는 행복이 외적 조건이 아닌 내 마음가짐에 달려 있다는 사실, 그리고 내가 행복할 수 있는 조건이 이미 충분함을 상기하는 것만으로도 지금 이 순간을 행복하게 살 수 있다는 사실을 자각하고 있습니다. 나는 지구 위 생명체의 고통을 줄이고 기후 변화의 원인 제공을 멈출 수 있도록 바른 생업을 행할 것을 약속합니다.

제3의 마음챙김 수행법

나는 성적 부정행위로 인한 고통을 깨달아 책임감을 기르고 개인, 연인, 가족 및 사회의 안전과 성실성을 보호하는 방법을 배우는 데 최선을 다할 것을 약속합니다. 나는 성욕은 사랑이 아니며, 갈망에 의한 성행위는 항상 자신과 타인에게 해를 끼친다는 사실을 알고 있으므로, 가족과 친구들에게 알려진 진정한 사랑과 깊고 장기적인 약속 없이는 성적 관계를 갖지 않겠다고 결심합니다. 나는 아동을 성적 학대로부터 보호하고, 성적 부정행위로 인해 연인과 가족이 무너지는 일이 없도록 최선을 다하겠습니다. 나는 몸과 마음이 하나인 것을 알고 있으므로 나의 성 에너지를 관리하는 적절한 방법을 배우고, 나와 타인의 더 큰 행복을 위해 참된 사랑의 네 가지 기본 요소인 자애, 자비, 기쁨, 포용성을 기르기를 약속합니다. 우리가 진정한 사랑을 행하면, 앞으로도 미래에 이르기까지 아름답게 살아갈 것임을 알고 있습니다.

제4의 마음챙김 수행법

나는 부주의한 말과 다른 사람의 말을 경청할 수 없는 데서 오는 고통을 깨달아 사랑의 말과 자비로운 경청을 길러 고통을 덜어주고, 나의 내면과 사람들 사이, 인종·종교적 집단간 그리고 국가 간의 화해와 평화를 촉진할 것을 약속합니다. 나는 말이 행복이나 고통을 낳을 수 있음을 알고 있으므로, 자신감, 기쁨, 희망을 불러일으키는 말을 사용해 진실하게 말하기를 약속합니다. 화가 내 안에 나타나면 나는 말하지 않을 것입니다. 나는 마음챙김 호흡과 걷기를 해서 내 화를 인지하고 그것을 깊이 들여다보겠습니다. 나는 화의 뿌리가 나와 다른 사람 안에 있는 고통에 대한 나의 잘못된 인식과 이해의 부족에 있음을 압니다. 나는 자신과 상대방이 고통을 바꾸고 어려운 상황에서 벗어나는 길을 찾도록 말하고 경청할 것입니다. 나는 확실하지 않은 소식을 퍼뜨리지 않고, 분열과 불화를 일으킬 수 있는 말을 하지 않겠다고 결심합니다. 나는 바른 근면[正精進]을 실천하여, 이해·사랑·기쁨·

포용에 대한 능력을 기르고, 내 의식 깊은 곳에 있는 화, 폭력, 두려움을 서서히 바꾸어 가겠습니다.

제5의 마음챙김 수행법
나는 무분별한 소비로 인한 고통을 깨달아 마음챙김으로 먹고 마시고 소비함으로써 내 자신과 가족, 사회를 위해 신체적·정신적 건강을 기르기를 약속합니다. 내가 사식(四食), 곧 먹는 음식인 단식(段食), 감각의 음식인 촉식(觸食), 의도라는 의사식(意思食), 의식이라는 식식(識食)을 섭취하는 방식을 깊이 들여다보는 수행을 하겠습니다. 나는 도박을 하지 않을 것이고, 알코올, 약물 그리고 특정 웹사이트, 전자 게임, TV 프로그램, 영화, 잡지, 책, 대화 등 독소를 가지고 있는 모든 다른 제품을 사용하지 않기로 결심합니다. 나는 지금 이 순간을 되돌아보는 수행을 통해 내 안팎에 있는 신선하고 치유적이며 영양을 주는 요소와 접촉해서, 후회와 슬픔이 나를 과거로 끌고 가거나 불안, 두려움, 갈망이 나를 지금 이 순간으로부터 끌어내지 않도록 할 것입니다. 나는 소비에 빠져서 외로움, 불안, 또는 다른 괴로움을 감추려 하지 않겠다고 결심합니다. 나는 상호존재를 관상하며 내 몸과 의식 안에서, 그리고 가족·사회·지구라는 집단적 몸과 의식 안에서 평화와 기쁨, 안녕을 보존하는 방식으로 소비하겠습니다.

제2장

식사 실천

행
복

마음챙김으로 하는 식사

손 안의 빵에 우주 전체가 있다.

식사는 명상의 실천입니다. 우리는 끼니마다 우리의 완전한 존재감을 드러내려고 노력해야 합니다. 음식을 준비할 때 이미 실천은 시작됩니다. 자신의 식사를 준비하면서 비, 햇빛, 대지, 농부와 요리사의 정성 등 많은 요소가 모두 모여 이 멋진 식사를 만들었다는 것을 깨닫습니다. 사실 이 음식을 통해 우리는 우주 전체가 우리의 존재를 지탱하고 있음을 봅니다.

앉아서 멋진 음식을 즐길 수 있는 것은 귀중한 기회이지만, 모두가 누릴 수 있는 것은 아닙니다. 세상의 많은 사람이 굶주리고 있습니다. 밥 한 그릇, 빵 한 조각을 들고 있을 때 나는 운이 좋다는 것을 알고, 먹을 것이 없고 친구도 가족도 없는 모든 사람에게 자비심을 갖습니다. 이것은 매우 깊은 실천입니다. 우리는 이를 실천하기 위해 절이나 교회로 갈 필요가 없습니다. 식탁에서 바로 실천할 수 있습니다. 마음챙김 식사는 자비와 이해의 씨앗에 물을 주어서, 우리가 배고프고 외로운 사람들이 양식을 얻도록 도울 무언가를 할 수 있는 힘을 길러줍니다.

실천

마음챙김 식사는 중요한 실천입니다. TV를 끄고 신문을 내려놓고, 5분이나 10분 정도 서로 도와서 식탁을 차리고, 해야 할 일은 모두 끝냅니다. 이 짧은 시간 동안에도 당신은 매우 행복해질 수 있습니다. 음식이 식탁 위에 준비되고 모든 사람이 착석하면 호흡 명상을 실천합니다. "숨을 들이마시며 내 몸을 고요히 하고, 숨을 내쉬며 미소 짓습니다." 이것을 세 번 합니다.

그런 다음, 숨을 들이쉬고 내쉬면서 한 사람 한 사람을 보고, 자기 자신과 식탁에 앉은 모두와도 접해 있음을 확인합니다. 상대를 보기 위해 두 시간씩 필요하지 않습니다. 진정으로 마음이 안정되면, 1~2초만 바라보면 됩니다. 그것만으로도 당신의 친구나 가족을 볼 수 있습니다. 가족이 다섯 명이라면 이 '시선을 향하고, 응시함'을 연습하는 데 5초에서 10초 정도면 충분하다고 생각합니다.

숨을 쉬고 나서 미소를 지으세요. 다른 사람들과 함께 식탁에 앉는 것은 우정과 이해가 담긴 진정한 미소를 보낼 수 있는 기회입니다. 아주 간단한 일인데도 그렇게 미소 짓는 사람은 많지 않습니다. 나에게 이 실천에서 가장 중요한 부분은 서로를 바라보며 미소 짓는 것입니다. 함께 식사하는 사람들이 서로 미소 짓지 못한다면, 매우 험악한 상황일 겁니다.

숨을 쉬고 미소를 지은 후, 눈앞의 음식이 진짜가 되도록 음식을 내려다보세요. 이 음식은 당신이 대지와 연결되어 있음을 보여줍니다. 한입 한입에는 태양과 지구의 생명이 담겨 있습니다. 음식이 스스로를 드러내는 정도는 우리에게 달려 있습니다. 빵 한 조각 안에서 온 우주를 보고 그 우주를 맛볼 수 있습니다! 먹기 전에 몇 초 동안 음식을 묵상하고, 마음챙김 하면서 먹으면 많은 행복을 얻을 수 있습니다.

식사를 마치면 잠시 시간을 내어 식사를 마쳤는지, 이제 그릇이 비었고 배고픔이 충족되었는지 확인하세요. 당신은 영양가 있는 음식을 먹은 일에 대해, 이 식사가 사랑과 이해의 길에서 당신이 기운을 내도록 해 준 일에 대해 감사하는 시간을 잠시 가질 수 있습니다.

식사는 끝났고, 허기는 채워졌고,
나는 서원한다. 모든 존재의 이익을 위해 살 것을.

때때로 가족이나 친구와 함께 묵언의 식사 명상을 하고 싶을 수도 있습니다. 말없이 먹으면 음식과 우리 친구들이 얼마나 소중한지, 그리고 대지와 모든 종(種)과 우리의 관계가 얼마나 깊은지를 알 수 있습니다. 모든 야채, 물 한 방울, 빵 한 조각에는 지구 전체의 생명과 태양의 생명이 들어 있습니다. 음식을 한 입 먹을 때마다 우리는 인생의 의미와 가치를 맛볼 수 있습니다. 우리는 식물과 동물, 농부의 수고, 그리고 날마다 식량 부족으로 죽어가는 수천 명의 어린이를 묵상할 수 있습니다. 다른 사람들과 함께 식탁에 조용히 둘러앉으면 서로를 명확하게 깊이 보고, 진정한 사랑과 우정을 전달하기 위해 미소 지을 기회를 얻을 수도 있습니다. 묵언 식사를 처음 하는 사람에게는 그것이 어색해 보일 수 있습니다. 하지만 익숙해지면 묵언 식사는 많은 평화와 기쁨, 통찰력을 줄 수 있습니다. 식사를 시작하기 전에 TV를 끄는 것과 같습니다. 우리는 때때로 대화의 스위치를 '끄고', 음식과 상대방의 존재를 즐깁니다.

묵언 식사를 매일 하는 것은 권장하지 않습니다. 나는 대화가 서로에게 접하기 위한 좋은 방법이라고 생각합니다. 그러나 우리는 대화의 종류를 잘 구별해야 합니다. 예를 들어 다른 사람의 결점을 지적하는 등의 주제는 우리를 갈라놓을 수 있습니다. 이런 식의 말이 식사를 지배하게 둔다면 정성스럽게 차려진 음식도 아무 가치가 없을 것입니다. 대신 음식에 대한 알아차림, 그리고 함께 있음에 대한 알아차림을 키우는 식으로 이야기할 때, 우리는 성장에 필요한 종류의 행복을 키울 수 있습니다. 이런 경험을 다른 사람의 단점을 이야기하는 경험과 비교한다면, 입안에 있는 빵 한 조각을 알아차리는 것이 훨씬 더 풍부한 경험이라고 생각합니다. 빵 한 조각은 생명을 받아들이고 생명을 진실로 만듭니다.

식사 중에 가족과 음식에 대한 알아차림을 엉망으로 만드는 화제는 삼가는 것이 좋습니다. 그러나 알아차림과 행복을 키우는 내용이라면 자유롭게 말해야 합니다. 예를 들어, 당신이 아주 좋아하는 요리가 있다면 다른 사람들도 그것을 즐기고 있는지 알아보세요. 즐기지 못하는 사람이 있다면 그녀가 정성을 다해 준비된 멋진 요리를 즐기도록 도울 수 있습니다. 그 사람이 식탁 위의 식사가 아니라 직장이나 친구와의 문제 등 다른 것을 생각하고 있다면, 그는 지금 이 순간과 음식을 놓치고 있다는 뜻입니다. "이 요리는 정말 맛있어요. 그렇지 않아요?"라고 말할 수 있습니다. 이런 말을 할 때, 당신은 그를 생각과 걱정에서 끌어내고 지금 여기로 데려와 당신의 존재와 멋진 요리를 즐기게 할 것입니다. 이때 당신은 생명 있는 존재가 깨달음을 얻도록 돕는 보살이 됩니다.

우리의 모든 명상 센터에서도 식사 전에 종을 세 번 초대한 후 20분 정도 묵언하며 식사합니다. 조용히 식사하면서 우리는 음식의 영양분을 충분히 알아차립니다. 마음챙김 식사의 실천을 심화하고 평화로운 분위기를 유지하기 위해, 우리는 이 침묵의 시간 동안 자리에 앉아 있습니다. 침묵 종료의 신호는 두 번의 종소리입니다. 그런 다음 친구와 마음챙김 대화를 시작하거나 식탁을 떠날 수 있습니다.

식전의 다섯 가지 묵상

먹기 전에 몇 초 동안 음식을 묵상하고 마음챙김을 하면서 식사하면 많은 행복을 얻을 수 있습니다. 명상 센터에서 우리는 다섯 가지 묵상을 음식의 출처와 목적을 상기시키는 방법으로 사용합니다.

첫 번째 묵상은 우리의 음식이 대지와 하늘에서 직접 왔다는 사실을 자각하는 것입니다. 그 음식은 대지와 하늘이 준 선물이며, 그 음식을 준비해 온 사람들의 선물입니다.

두 번째 묵상은 음식을 먹을 자격에 관한 것입니다. 그 자격은 마음챙김으로 먹는 것, 곧 음식의 존재를 알아차리고 그 음식이 있음에 대해 감사하는 것입니다. 우리는 과거나 미래에 대한 걱정, 두려움, 분노에 빠져 길을 잃어서는 안 됩니다. 음식이 우리를 위해 거기에 존재하듯이 우리도 음식을 위해 거기에 존재합니다. 이래야 공평합니다. 마음챙김 식사는 땅과 하늘에 합당한 자격을 우리가 갖추는 것입니다.

세 번째 묵상은 우리의 부정적인 성향들을 알아차리고 그것들에 휩쓸리지 않는 것입니다. 우리는 적당히 먹는 법, 적절한 양의 음식을 먹는 법을 배워야 합니다. 스님이나 비구니가 사용하는 그릇(바루)을 '적절한 양을 재는 도구'라고 합니다. 과식하지 않는 것이 매우 중요합니다. 천천히 먹고 아주 조심스럽게 씹으면 충분한 영양분을 얻을 수 있습니다. 적절한 양은 우리가 건강을 유지하는 데 도움이 되는 만큼의 양입니다.

네 번째 묵상은 음식의 질에 관한 것입니다. 우리는 몸과 의식에 있어서 독소가 없는 음식, 우리의 건강을 유지하고 자비심에 영양을 공급하는 음식만을 섭취하기로 결심합니다. 이것이 마음챙김 식사입니다. 우리가 음식을 먹어서 우리의 자비심을 파괴한다면, 이는 여러분 자식의 살을 먹는 것과 같다고 부처님은 말씀하셨습니다. 그러므로 자비심이 여러분 안에 살아 있도록 하는 방식으로 먹는 실천을 하세요.

다섯 번째 묵상은 우리가 무언가를 이루기 위해 음식을 받는다는 사실을 알아차리는 것입니다. 우리의 삶에는 의미가 있어야 하는데, 그 의미는 사람들이 고통을 덜 받고 인생의 기쁨에 접하도록 돕는 것입니다. 우리의 마음에 자비심이 있고 다른 사람이 고통을 덜 받도록 우리가 도울 수 있음을 알게 되면, 우리 인생은 더 많은 의미를 갖기 시작합니다. 이것은 우리에게 매우 중요한 음식이며 큰 기쁨을 가져다줍니다. 한 사람이 많은 생명을 도울 수 있습니다. 그리고 이런 일은 어디에서나 할 수 있습니다.

─── 실천 ───

첫 번째 묵상

이 음식은 우주 전체, 곧 지구, 하늘, 수많은 생명체, 그리고 많은 수고와 사랑에서 나온 노동의 선물입니다.

두 번째 묵상

우리가 이 음식을 받기에 합당하도록, 마음챙김과 감사의 마음으로 먹게 하소서.

세 번째 묵상

우리의 불건전한 마음 작용, 특히 탐욕을 인지하고 변화시켜 적당량을 먹는 법을 배우게 하소서.

네 번째 묵상

생명체의 고통을 줄이고 지구를 보존하며, 지구 온난화를 되돌릴 수 있는 방식으로 음식을 먹음으로써 자비심을 실천할 수 있게 하소서.

다섯 번째 묵상

형제 자매애를 도탑게 하고, 건전한 공동체를 만들고, 모든 생명체를 섬긴다는 우리의 이상을 키우기 위해, 우리는 이 음식을 받아들입니다.

부엌

신선한 야채 안에
녹색 태양이 보이네
만법이 모여서
생명이 여기에 나타나네

부엌은 명상의 실천 공간이 될 수 있습니다. 요리하거나 청소할 때 마음챙김을 합시다. 우리는 호흡을 따라 작업에 집중하면서, 편안하고 고요한 방식으로 일을 할 수 있습니다.

—— 실천 ——

자신의 부엌에서 요리하는 동안 마음챙김 실천을 상기시켜 줄 부엌 제단을 만들고 싶을 수도 있습니다. 제단은 향꽂이와 작은 꽃병, 예쁜 돌, 조상이나 영적 스승의 작은 사진, 아니면 불상이나 보살상처럼 당신에게 의미 있는 무엇이든 놓을 공간이 있는 작은 선반이면 됩니다. 부엌에 들어서면 향을 피우고 마음챙김 호흡을 실천하여 부엌을 명상실로 만드는 것으로 일을 시작할 수 있습니다.

요리하는 동안 서두르지 않도록 충분한 시간을 가지세요. 당신과 당신이 요리해 주는 다른 모든 사람이 실천을 위해 이 음식에 의존한다는 점을 자각하세요. 이 자각은 당신의 사랑과 마음챙김이 담긴 건강한 음식을 요리하도록 안내할 것입니다.

부엌을 청소하거나 설거지할 때, 명상 홀에서 제단을 청소하거나 아기 부처를 씻듯이 하세요. 이런 식으로 하면 기쁨과 평화가 당신의 안팎에서 발산되는 것을 느낄 수 있습니다.

그릇을 씻는 것은
아기 부처를 목욕시키는 것과 같은 것
세속이 신성(神聖)
일상의 마음이 부처의 마음

차 명상

차 명상은 즐겁고 고요한 분위기에서 공동체와 함께하는 시간입니다. 함께 차를 즐기는 것만으로도 충분합니다. 함께 있는 기쁨과 행복을 맛보는 것은 '좋은 소식'을 나누는 것과 같습니다.

때때로 우리는 친구와 차를 마실 때, 차는커녕 눈앞에 앉아 있는 친구도 자각하지 못하는 경우가 있습니다. 차 명상은 차와 친구들을 진정으로 만나는 수행입니다. 우리는 모든 슬픔과 걱정에도 불구하고 지금 이 순간에 행복하게 머물 수 있음을 확인합니다. 우리는 아무 말 없이 거기에 편안히 앉아 있습니다. 원한다면 노래, 이야기 또는 춤을 함께 나눌 수도 있습니다.

악기를 가져오거나, 무언가를 사전에 준비하고 싶을 수 있습니다. 그것은 우리 각자에게 행복과 기쁨의 씨앗, 이해와 사랑의 씨앗에 물을 줄 좋은 기회입니다.

─── 실천 ───

플럼빌리지에서는 정식 차 명상으로 아래와 같은 방법을 사용하고 있습니다. 아이들은 이 실천을 매우 좋아합니다. 그들은 입장하는 손님들을 맞이하는 것을 도울 수 있고, 그들 중 한 아이가 부처님께 차와 과자를 올릴 수 있습니다. 때때로 아이들은 자신들만의 레모네이드 명상을 기획해서 부모님과 친구들을 초대할 수 있습니다. 차 명상은 그때그때 상황에 따라서 수정할 수도 있습니다. 친한 친구와 차 한 잔을 나누는 것처럼 간단할 수도 있습니다.

차 명상에서 모든 것은 마음챙김으로 진행됩니다. 차 명상의 주최자들은 사전에 한 팀으로 뭉쳐야 합니다. 그들은 귀한 손님을 맞이하기 위해 마음챙김을 하면서 차와 비스킷, 명상실, 그리고 자신을 준비해야 할 것입니다.

주최자들

차 명상 지도자(티 마스터), 종 치는 자(벨 마스터), 향 올리는 자(분향자), 차 올리는 자(부처님에게 차를 공양하는 사람), 손님에게 차를 접대하는 자(참가자의 수에 따라 다르지만 보통 두 명 필요), 차 도우미(차 접대자 1인당 한 명 필요)

용구

향, 양초, 성냥, 작은 종, 큰 종, 냅킨(나뭇잎 사용 가능), 쿠키, 차와 찻주전자, 쟁반, 꽃 접시, 부처님 공양용 차와 과자

손님 맞이하기

- 차 명상 주최자들은 입구 양쪽에 두 줄로 서서, 손님 한 분 한 분이 명상실에 들어올 때 절한다. 손님은 주최자들 사이를 지나, 차 도우미의 안내를 받아 방석에 차례로 방 중심을 향해 둥글게 둘러앉는다. 모두가 앉아서 묵묵히 호흡을 따라가며 앉기 명상을 즐긴다.
- 모든 손님이 명상실에 들어오면 주최자들도 자리에 앉는다. 종 치는 자는 일어나 작은 종을 살짝 쳐서 종소리를 초대한다. 그것을 신호로 명상실의 전원이 일어서서 불단을 향한다.

향을 올림

- 차 명상 지도자와 향 올리는 자는 마음챙김을 하면서 불단으로 걸어가고, 향 올리는 자는 향을 피운다. 서로 절한 뒤, 향 올리는 자는 차 명상 지도자에게 향을 전달하고 옆에 선다.
- 종 치는 자는 큰 종의 소리를 세 번 초대한다. 차 명상 지도자는 향 올리는 노래를 부르고, 향을 불단에 놓는 분향자에게 향을 전달한다. 이때 부처님과 보살님들께 절해도 좋다.●

- 차 명상 지도자는 참가자 전원을 향해 "당신을 위한 연꽃, 모두가 부처님이 되소서"라고 하면서 차 명상으로 모두를 환영한다. 종 치는 자는 작은 종을 초대하고, 전원이 착석한다.

부처님께 공양을 올림

- 차 접대자는 마음챙김을 하면서 부처님께 올릴 차를 컵에 따른다. 차와 쿠키가 담긴 장식된 접시나 쟁반을 들고 머리 높이까지 올린다. 차 올리는 자는 조심스럽게 차 접대자에게 다가가 절한 뒤 접시를 받고, 차 명상 지도자에게 조심스럽게 걸어간다. 차 명상 지도자는 일어나서 절한 뒤 부처님께 올릴 접시를 받아들고, 마음챙김을 하면서 불단으로 걸어가 절한 다음 무릎을 꿇고 그 접시를 불단 위에 놓는다. 종 치는 자는 접시가 불단에 놓일 때 종을 초대한다. 차 올리는 자와 차 명상 지도자는 방석으로 돌아가서 서로에게 절을 하고 앉는다. 어린아이나 젊은

- Thich Nhat Hanh, *Chanting From the Heart* (Berkeley, CA: Parallax Press, 2007) p. 28 참조.

사람이 출석했다면 그들이 불단에 공양을 바칠 수 있다.

손님에게 차를 냄

- 이제 차 접대자는 도우미에게 쿠키 쟁반을 준다. 도우미는 미소를 지으며 손을 연꽃 모양으로 만들어 합장하고 감사를 표한다. 도우미는 마음챙김을 하면서 쿠키와 냅킨을 받아 그것들을 자신의 앞(바닥, 상)에 놓고 쟁반을 차 접대자들에게 돌려준다. 차 접대자는 도우미의 (왼쪽) 옆 사람에게 쟁반을 돌리고, 쿠키를 대접한다. 그 사람은 쿠키와 냅킨을 받은 다음, 쟁반을 들어서, 자신의 (왼쪽) 옆에 앉은 사람에게 돌린다. 위와 같이 손님은 각자 순서대로 쿠키와 냅킨을 받은 다음, 원 안에 있는 다음 사람에게 돌린다.
- 비스킷이 전달되는 동안, 차 접대자가 차를 따른다(참석한 사람 수 만큼의 컵에 차를 따른다). 쿠키 쟁반이 차 접대자에게 돌아오면 찻잔이 담긴 쟁반을 손님에게 돌리고, 손님은 돌아가며 쿠키와 같은 순서로 받는다.

함께 나누기 초대

- 빈 쟁반이 차 접대자에게 돌아오면, 차 명상 지도자는 차와 쿠키를 노래하는 게송을 제공하고 모두가 차와 쿠키를 즐기도록 초대한다.

차 게송

두 손안의 이 차 한잔에
오롯이 담겨 있는 마음챙김
나의 마음과 몸은 진정
지금 여기에 머문다

잠시 침묵 속에 차를 즐긴 후, 차 명상 지도자는 사람들을 초대하여 노래, 시, 체험담 등을 나눈다.

차 명상을 끝내면서

종 치는 자는 의식이 종료되기 5분 전에 미리 알림을 준다. 차 명상은 세 번 작은 종을 초대하면서 끝난다. 최초의 종에 모두 일어서고, 두 번째 종에 서로에게 절한다. 세 번째 종에 전원이 불단에 절한다. 그런 다음 주최자들은 전원 출구로 먼저 가서, 천천히 마음챙김을 하면서 떠나는 손님들에게 절한다.

제3장

몸을 사용하는 실천

행
복

쉬기와 멈추기

숲속의 동물은 아프면 누워서 아무것도 하지 않습니다. 종종 먹지도 마시지도 않습니다. 모든 에너지를 치유에 쏟아붓습니다. 아프지 않아도 이런 휴식의 실천이 필요합니다. 쉬어야 할 때를 아는 것은 심오한 실천입니다. 때때로 우리는 실천에 너무 열심히 노력하거나, 마음챙김 없이 너무 많이 일하여 아주 쉽게 피곤해집니다. 마음챙김의 실천은 지치게 하는 것이 아니라 오히려 활력을 주는 것이어야 합니다. 그러나 우리가 지쳤다고 느끼면 쉴 수 있는 모든 수단을 찾아야 합니다. 도움을 구하든지, 가능하면 언제라도 일을 다른 사람에게 부탁해야 합니다.

지친 몸과 마음으로 실천하는 것은 도움이 되기보다 더 많은 문제를 일으킬 수 있습니다. 자신을 돌보는 것은 공동체 전체를 돌보는 것입니다. 휴식이란 우리가 하던 일을 멈추고 5분 정도 바깥을 걷거나, 하루 이틀 단식하거나, 일정 기간 침묵을 실천하는 것을 의미할 수 있습니다. 쉬는 방법에는 여러 가지가 있으므로, 모두에게 유익하도록 우리들의 몸과 마음이 가진 리듬에 주의를 기울여야 합니다. 앉거나 누워서 하는 마음챙김 호흡은 휴식의 실천입니다. 휴식의 기술을 배워 몸과 마음이 스스로 회복하도록 합시다. 생각하지 않고 아무것도 하지 않는 것도 휴식과 치유의 기술입니다.

심신 어딘가에 상처가 나면 그것을 돌보는 방법을 배울 수 있다고 부처님은 말씀하십니다. 우리는 우리 몸이 스스로 치유할 수 있는 능력이 있다는 것을 알고 있으므로, 몸과 혼의 상처가 저절로 치유되도록 내버려둬야 합니다. 그러나 우리는 너무 자주 치유를 방해합니다. 우리는 무지에서 우리 몸이 스스로 치유되는 것을 막습니다. 마음과 의식이 스스로 치유되도록 허용하지 않습니다. 손가락을 베었을 때, 많은 일을 할 필요가 없습니다. 단지 베인 상처를 깨끗이 닦고 아물도록 놔둡니다. 아마 하루나 이틀 정도 걸릴 것입니다. 상처를 손대거나 그것에 대해 너무 많은 일을 하거나 지나치게 걱정한다면, 특히 우리가 너무 많이 걱정한다면 치유되지 않을 수 있습니다.

부처님은 화살에 맞은 사람의 예를 들었습니다. 그 사람은 괴롭습니다. 얼마 지나지 않아서 두 번째 화살이 정확히 같은 곳을 맞히면 고통은 두 배가 아니라 열 배 더 커집니다. 몸에 작은 상처가 있는데 당신이 걱정과 패닉으로 호들갑을 떨면 상처가 더 심각해질 수 있습니다. 숨을 들이쉬고 내쉬는 연습을 하고, 작은 상처의 성질을 이해하면 도움이 될 것입니다. 숨을 들이마시면서 우리는 '나는 이것이 그저 몸의 상처임을 알고 있어. 치유될 거야.'라고 생각합니다. 필요하다면 친구나 의사에게 이것이 정말 작은 상처이고, 걱정할 필요가 없음을 확인받을 수도 있습니다. 패닉해서는 안 됩니다. 패닉은 무지에서 발생하기 때문입니다. 걱정과 패닉은 상황을 악화시킵니다. 우리는 몸에 대한 우리의 지식에 의존해야 합니다. 우리는 지성적입니다. 몸이나 마음에 생긴 작은 상처 하나로 죽는다고 생각해서는 안 됩니다.

상처 입은 동물은 휴식이 가장 좋은 치유법임을 압니다. 지혜는 동물의 몸 안에 있습니다. 우리 인간은 자기 몸에 대한 자신감을 잃었습니다. 우리는 패닉하고 다양한 일을 시도합니다. 몸에 대해 너무 걱정합니다. 몸이 스스로 치유하도록 허용하지 않습니다. 우리는 쉬는 방법을 모릅니다. 마음챙김 호흡은 휴식의 기술을 다시 배우는 데 도움이 됩니다. 마음챙김 호흡은 사랑하는 엄마가 아픈 아기를 품에 안고 이렇게 말하는 것과 같습니다. "걱정하지 마. 내가 잘 돌봐줄게. 그냥 쉬어."

── 실천 ──

쉬지 못하는 것은 우리가 달리기를 멈추지 않기 때문입니다. 우리는 오래전에 달리기 시작했고 잠을 자면서도 계속 달립니다. 우리는 행복과 안녕이 지금 여기에서는 불가능하다고 믿고 있습니다. 그런 믿음은 우리 안에 깊이 내재되어 있습니다. 우리는 부모님과 조부모님에게서 그 믿음의 씨앗을 받았습니다. 그들은 평생 분투했고, 행복은 미래에만 가능하다고 믿었습니다. 그래서 우리는 어릴 때부터 이미 달리는 습관을 갖게 되었습니다. 행복은 미래에나 추구해야 할 것이라고 믿었습니다. 그러나 부처님의 가르침은, 사람은 바로 지금 여기에서 행복할 수 있다는 것입니다.

    일단 멈추고 '지금 여기'에 자신을 확립할 수 있다면, 지금 이 순간에도 충분히 행복해질 수 있는 많은 행복의 요소들이 있다는 것을 알게 될 것입니다. 지금 당신이 싫어하는 것이 몇 가지 있어도, 당신의 행복을 위한 긍정적인 조건은 여전히 많이 있습니다. 정원을 걸을 때 죽어가는 나무를 볼 수도 있습니다. 그 점이 신경 쓰여서 여전히 아름다운 정원의 다른 부분을 즐기지 못하기도 합니다. 죽어가는 나무 한 그루 때문에 당신은 아직 생생하게 살아 있고 아름다운 다른 모든 나무에 대한 기분을 망칩니다. 다시 보면 정원은 여전히 아름답고, 즐길 수 있다는 것을 알 수 있습니다. 당신 주변의 자연에 대한 알아차림을 높이기 위해 다음 시를 읽어보세요.

    두 귀를 알아차리고, 숨을 들이쉰다
    빗소리를 알아차리고, 숨을 내쉰다

    맑은 산 공기를 접하며, 숨을 들이쉰다
    맑은 산 공기와 함께, 미소 지으며 숨을 내쉰다

햇살을 접하면서, 숨을 들이쉰다
햇살과 함께 미소 지으며 숨을 내쉰다

나무들을 접하면서, 숨을 들이쉰다
나무들과 함께 미소 지으며, 숨을 내쉰다

깊은 이완

스트레스는 몸에 쌓입니다. 우리가 먹고 마시고 사는 방식은 우리의 안녕에 영향을 미칩니다. 깊은 이완은 우리 몸이 쉬고, 치유되고, 회복할 수 있는 기회입니다. 우리는 몸의 긴장을 풀고, 각 부분에 차례로 주의를 기울이며 모든 세포에 사랑과 관심을 보냅니다.

수면에 문제가 있었다면 깊은 이완으로 부족한 잠을 보충할 수 있습니다. 깨어 있으면서 침대에 누운 채 완전히 늘어져서 호흡을 따라가도 좋습니다. 때때로 이것은 당신이 잠드는 데 도움이 될 수 있습니다. 잠들지 않는다고 해도 이 실천은 매우 좋습니다. 당신에게 휴식과 활력을 주기 때문입니다.

아래에 나오는 두 가지 운동을 이용해서, 알아차림을 신체의 각 부분에 보낼 수 있습니다. 머리, 두피, 뇌, 귀, 목, 폐, 내장 기관 모두, 소화기 계통, 골반 등 치유와 주의가 필요한 각 기관, 이 기관 하나하나를 알아차림으로써 안아주고, 호흡하면서 사랑, 감사, 관심을 보냅니다.

실천

깊은 이완 I

앉거나 누워서 휴식할 시간이 겨우 몇 분밖에 없다면 다음 시를 읊을 수 있습니다.

> 숨을 들이마시며, 두 눈을 알아차린다
> 숨을 내쉬며, 두 눈에 미소를 짓는다

이것이 눈에 대한 마음챙김입니다. 마음챙김의 에너지를 내어서 두 눈을 감싸안으며 그것들에 미소를 보냅니다. 당신은 지금 여기 존재하는 행복의 조건 중 하나에 접하고 있습니다. 여전히 좋은 눈을 가지고 있다는 것은 놀라운 일입니다. 다양한 모습과 색깔을 지닌 낙원이 언제든지 여러분을 기다리고 있습니다. 눈을 뜨기만 하면 됩니다.

> 숨을 들이쉬며, 심장을 느낀다
> 숨을 내쉬며, 심장에 미소를 짓는다

마음챙김의 에너지를 사용하여 심장을 포옹하고 미소를 보내면, 심장이 여전히 정상적으로 작동하고 있는 것은 놀라운 일임을 알게 됩니다. 많은 사람들은 정상적으로 작동하는 심장을 갖고 싶어 합니다. 그것은 우리의 안녕을 위한 기본 조건이며, 행복을 위한 요소 중 하나이기도 합니다. 마음챙김의 에너지로 심장을 안으면 심장은 편해집니다. 당신은 오랫동안 심장을 무시해 왔습니다. 당신은 다른 것만 생각합니다. 당신은 행복의 진정한 조건으로 보이는 것들을 쫓아다니면서 당신의 심장을 잊었습니다.

당신은 심지어 쉬고 일하고 먹고 마시는 방식으로 심장에 문제를 일으킵니다. 담배에 불을 붙일 때마다 당신은 심장을 괴롭히는 것입니다. 술 마시는 일은 당신의 심장에 불친절하게 행동하는 것입니다. 당신은 심장이 수년 동안 밤낮으로 당신의 안녕을 위해 일해 왔다는 것을 알고 있습니다. 그러나 마음챙김이 부족하여 당신은 심장에 큰 도움을 주지 못했습니다. 당신은 당신 안에 있는 안녕과 행복의 조건을 지키는 방법을 모릅니다.

신체의 다른 부분, 가령 간을 대상으로 이런 실천을 계속할 수 있습니다. 부드러움, 사랑, 자비심으로 간을 돌봐 주세요. 마음챙김 호흡을 통해 마음챙김을 일으키고 몸을 마음챙김 안에서 포옹하세요. 사랑과 부드러움으로 감싸안은 몸의 부분에 마음챙김의 에너지를 보내면, 당신의 몸이 정말로 필요한 일을 하는 것입니다. 몸의 한 부분이 불편하다면, 마음챙김과 미소로 그 부분을 안아주는 데 더 많은 시간을 써야 합니다. 이 실천에서 전신을 커버할 시간이 없을 수도 있지만, 매일 한두 번씩 몸의 한 부분

이상을 선택해 집중하고 이완하는 연습을 할 수 있습니다. 시간이 더 있다면 아래의 두 번째 깊은 이완 실천을 해 보세요.

── **실천** ──

깊은 이완 II

두 번째 깊은 이완 명상을 할 때는, 적어도 20분은 쓰세요. 그룹으로 깊은 이완을 연습할 때 한 사람이 아래의 실천법을 따라하거나 약간의 변화를 주어서 안내할 수 있습니다. 혼자서 깊은 이완을 할 때는 미리 녹음한 것을 들으면서 할 수도 있습니다. 집에서 편안하게 누울 수 있는 공간만 있으면 하루에 한 번 이상 깊은 이완을 할 수 있습니다. 가족과 함께 할 때는 가족 중 한 사람이 세션을 주도할 수 있습니다.

> 팔을 옆구리에 대고 등을 대고 반듯하게 눕습니다. 편안하게 누우세요. 몸의 긴장을 푸세요. 몸 아래의 마룻바닥을⋯ 그리고 몸이 바닥에 닿는 것을 느끼세요. (숨 쉬세요.) 몸이 바닥에 가라앉도록 하세요. (숨 쉬세요.)

들숨과 날숨을 알아차리세요. 숨을 들이쉬고 내쉴 때 복부가 오르락내리락하는 것을 알아차리세요. (숨 쉬세요.) 오르고 … 내리고 … 오르고 … 내리고. (숨 쉬세요.)

숨을 들이쉬면서 눈을 알아차리세요. 숨을 내쉬면서 눈의 긴장을 풀어주세요. 눈이 다시 머리 깊이 들어가게 하세요 … 눈 주위의 모든 작은 근육의 긴장을 풀어주세요. 우리의 두 눈이 모습과 색의 낙원을 볼 수 있도록 합니다 … 눈을 쉬게 하세요 … 눈에 사랑과 감사를 보내세요…. (숨 쉬세요.)

숨을 들이쉬면서 입을 알아차리세요. 숨을 내쉬면서 입의 긴장을 풀어주세요. 입 주위의 긴장도 풀어 주세요 … 입술은 꽃잎입니다 … 꽃처럼 부드러운 미소가 입가에 피어나게 하세요 … 미소는 얼굴에 있는 수백 개의 근육의 긴장을 풀어줍니다…. 당신의 뺨 … 턱 … 목구멍에 긴장이 풀어지는 것을 느끼세요…. (숨 쉬세요.)

숨을 들이쉬면서 어깨를 알아차리세요. 숨을 내쉬

면서 어깨를 편하게 하세요. 어깨가 바닥으로 가라앉게 하세요 … 쌓인 모든 긴장이 바닥으로 흘러가도록 하세요 … 당신은 당신의 어깨에 너무 많은 짐을 지웠습니다 … 이제 당신의 어깨를 돌보면서 그것들을 편하게 하세요. (숨 쉬세요.)

숨을 들이쉬면서 두 팔을 알아차리세요. 숨을 내쉬며 팔의 긴장을 푸세요. 팔이 바닥에 닿게 하세요 … 팔 위쪽 … 팔꿈치 … 팔 아래쪽 … 손목 … 손 … 손가락 … 모든 작은 근육 … 필요하면 손가락을 조금 움직여 근육을 풀어 주세요. (숨 쉬세요.)

숨을 들이쉬면서 심장을 알아차리세요. 숨을 내쉬면서 심장을 편하게 하세요. (숨 쉬세요.) 당신은 오랫동안 심장을 소홀히 해 왔습니다… 일하고 먹고, 불안과 스트레스를 관리하면서 심장을 홀대했습니다…. (숨 쉬세요.) 당신의 심장은 당신을 위해 밤낮으로 뛰고 있습니다 … (숨 쉬세요.) 마음챙김과 부드러움으로 당신의 심장을 포옹하고, 심장과 화해하며 잘 돌보아 주세요. (숨 쉬세요.)

숨을 들이쉬면서 두 다리를 알아차리세요. 숨을 내쉬면서 두 다리를 편하게 하세요. 두 다리의 모든 긴장을 푸세요 … 허벅지 … 무릎 … 종아리 … 발목 … 발 … 발가락 … 발가락의 작은 근육까지 푸세요 … 발가락을 약간 움직여서 긴장을 푸세요 … 발가락에 대한 사랑과 관심을 보내세요. (숨 쉬세요.)

숨을 들이쉬고 내쉬고 … 온몸이 가벼워지는 느낌이 듭니다 … 마치 물 위에 떠 있는 수련처럼 … 가야할 곳도 없고 … 할 일도 없습니다 … 하늘에 떠 있는 구름처럼 자유롭습니다…. (숨 쉬세요.)

(몇 분 동안 노래나 음악을 듣습니다.) (숨 쉬세요.)

다시 호흡을 알아차리세요 … 복부가 오르락내리락하는 것을 알아차리세요. (숨 쉬세요.)

호흡을 따라가면서 팔과 다리를 알아차리세요 … 팔과 다리를 약간 움직이고 스트레칭하는 것이 좋습니다. (숨 쉬세요.)

준비되었으면 천천히 앉으세요. (숨 쉬세요.)

준비되었으면 천천히 일어나세요.

마음챙김 체조

마음챙김 체조에는 열 가지가 있는데, 집에서 혼자, 아니면 다른 사람과 함께 쉽게 할 수 있는 운동입니다. 집 안에서 할 수도 있고, 공원 등 옥외에서도 가능합니다. 매일 해도 좋고, 가끔 해도 좋습니다.°

—— 실천 ——

두 다리를 지면에 단단히 대고 서세요. 무릎은 부드럽게 약간 구부리고, 뻣뻣하게 하지 마세요. 어깨에 힘을 빼고 편안하게 똑바로 서세요. 보이지 않는 실이 머리 꼭대기에 붙어 하늘을 향해 당신을 끌어 올린다고 상상해 보세요. 몸을 똑바로 유지하고 턱을 살짝 집어넣어 목이 이완되도록 합니다.

    처음에는 의식적인 호흡을 조금 하세요. 발이 땅에 단단히 자리 잡고 있는지, 몸의 중심이 잡혀 있는지, 등이 곧고, 어깨가 이완되어 있는지 확인하세요. 호흡이 배까지 내려오도록 하세

° 플럼빌리지 유튜브 채널(youtube.com/plumvillage) 또는 어플을 통해 동영상을 보며 따라할 수 있다.

요. 미소를 지으며 잠시 서 있는 것을 즐기세요.

체조 1

발을 약간 벌리고° 양팔은 옆구리에 두고 시작합니다. 숨을 들이쉬면서 두 팔꿈치를 곧게 펴고 양팔이 어깨 높이가 되도록 앞으로 들어 올려서 땅바닥과 수평이 되게 하세요. 숨을 내쉬며 양팔을 다시 옆으로 내립니다. 이것을 세 번 더 반복하세요.

체조 2

두 팔을 옆구리에 둔 상태에서 시작합니다. 숨을 들이쉬면서 한 번의 연속된 동작으로 팔을 앞쪽으로 들어 올려 머리 위로 쭉 뻗습니다. 하늘을 만지세요! 이 동작은 손바닥이 서로 안쪽을 향하거나, 손을 뻗을 때 앞을 향하도록 해서 행할 수 있습니다. 숨을 내쉬며 팔을 천천히 다시 옆으로 내립니다. 세 번 더 반복합니다.

○   필자가 참조한 일역에는 '발뒤꿈치를 붙여서 8자(八)로 서서'로 되어 있다. 《ブッダの幸せの瞑想》p. 125.

체조 3

숨을 들이쉬면서 손바닥을 위로 한 채 두 팔을 몸 바깥쪽으로 들어 올리고 어깨 높이, 지면과 평행이 되는 곳에서 멈춥니다. 숨을 내쉬며 팔꿈치를 구부리고 손가락 끝이 어깨에 닿게 되면 멈춥니다. 팔뚝을 수평으로 유지합니다. 숨을 들이마시며 팔을 벌리고 두 팔 전체가 다시 수평 위치로 될 때까지 뻗습니다. 숨을 내쉬면서 팔꿈치를 구부리고 손가락 끝이 다시 어깨에 닿도록 가져옵니다. 숨을 들이쉴 때 당신은 따뜻한 태양을 향해 열리는 꽃과 같습니다. 숨을 내쉬면 꽃이 닫힙니다. 손가락 끝을 어깨에 댄 지금 자세에서 시작해 동작을 세 번 더 반복합니다. 그런 다음 팔을 몸 옆으로 내립니다.

체조 4

이 동작에서는 양팔로 큰 원을 만듭니다. 숨을 들이쉬면서 손바닥을 모은 채 두 팔을 앞으로 똑바로 내립니다. 두 팔을 위로 올리고 양손을 벌려 두 팔이 머리 위로 뻗을 수 있도록 합니다. 숨을 내쉬며 손가락이 바닥을 향할 때까지 두 팔을 뒤로 돌린 채 원을 그리는 동작을 계속하세요. 숨을 들이쉬면서, 팔을 뒤로 들어 올리고 원을 반대로 돌립니다. 숨을 내쉬면서 손바닥을 모으고 팔을 앞으로 내립니다. 세 번 더 반복하세요.

체조 5

두 발을 어깨너비로 벌리고 양손을 허리에 올려놓으세요. 이 동작에서는 다리를 곧게 펴되 힘은 빼고 머리는 몸 중앙에 오도록 합니다. 숨을 들이마시며 허리를 앞으로 구부린 다음, 상체를 이용해 등 쪽으로 원을 그리기 시작합니다. 원의 중간쯤 되면 상체를 뒤로 젖힌 상태가 됩니다. 숨을 내쉬며 원을 완전히 그리면서 (허리를 굽힌 상태에서) 머리를 앞으로 내밀고 끝납니다. 같은 방법으로 반대 방향으로 원을 그리세요. 이 동작을 세 번 더 반복하세요.

체조 6

여기에서 당신은 하늘과 대지에 접합니다. 골반 너비만큼 두 다리를 벌리고 서세요. 숨을 들이마시며, 팔을 머리 위로 올리고 손바닥은 앞으로 내밉니다. 전신을 쭉 뻗고 위를 바라보며 하늘에 접합니다. 숨을 내쉬며 허리를 구부리고 팔을 아래로 내려 땅에 접하도록 하세요. 목에 긴장이 있으면 풀어주세요. 이 자세에서 숨을 들이마시고 등을 곧게 펴면서 몸을 위로 올려 하늘에 접하세요. 대지와 하늘에 세 번 더 접하세요.

105

체조 7

다음은 '개구리'로 불리는 운동입니다. 양손은 허리에, 발뒤꿈치를 모으고, 발을 V자 모양으로 만들어서 90도 각도를 이루도록 합니다. 숨을 들이마시며, 발끝으로 일어나 등을 곧게 펴고 무릎을 구부립니다. 상반신을 중앙에 두고 균형을 유지하면서 편안하게 최대한 아래로 내려갑니다. 숨을 들이마시며, 무릎을 곧게 펴고 발끝으로 서 있는 상태에서 끝까지 올라오세요. 이 자세에서 천천히 그리고 깊게 호흡하는 것을 잊지 않으면서 동작을 세 번 더 반복하세요.

체조 8

양발을 모으고 손을 허리에 얹고 시작하세요. 왼발에 모든 체중을 실어 시작합니다. 숨을 들이마시며, 무릎을 구부리면서 오른쪽 허벅지를 들어 올리고 발가락은 바닥을 향하게 합니다. 숨을 내쉬며, 오른쪽 다리를 앞으로 쭉 뻗고 발가락은 뾰족하게 유지합니다. 숨을 들이마시며, 무릎을 구부리고 발을 몸쪽으로 가져옵니다. 숨을 내쉬며, 오른발을 다시 땅에 댑니다. 그런 다음 오른발에 모든 체중을 싣고 왼쪽 다리로 같은 동작을 합니다. 이 동작을 세 번 더 반복하세요.

체조 9

이 동작에서는 다리로 원을 그립니다. 발을 모으고 허리에 손을 대고 시작하세요. 왼발에 체중을 싣고 숨을 들이마시며 오른쪽 다리를 앞으로 들어 옆으로 돌립니다. 숨을 내쉬며, 등 뒤로 원을 그리며 다리를 뒤로 내리고 발가락이 땅에 닿도록 합니다. 숨을 들이마시며 다리를 뒤로 들어 올려 옆으로 돌립니다. 숨을 내쉬며 앞으로 원을 그리세요. 그런 다음 다리를 내리고 발을 땅에 대고 다시 두 발에 체중을 싣습니다. 발을 모으고 두 발에 체중을 싣습니다. 이제 다른 다리로 운동을 하세요. 이 동작을 세 번 더 반복하세요.

체조 10

이 운동은 런지(lunge; 검으로 돌파하는) 자세로 합니다.° 발을 어깨너비보다 약간 넓게 벌리고 서세요. 오른쪽으로 돌아 오른발을 앞으로 내밀어 런지 자세를 취하세요. 왼손은 허리에, 오른팔은 옆구리에 댑니다. 숨을 들이마시며 오른쪽 무릎을 구부려 오른발에 체중을 싣고, 오른팔을 들어 올려 손바닥이 바깥쪽을 향하게 하여 하늘을 향해 쭉 뻗습니다! 숨을 내쉬며 무릎을 곧게 펴고 오른팔을 옆구리로 가져옵니다. 이 동작을 세 번 더 반복하세요.

다리를 바꾸고 오른손을 허리에 대세요. 왼쪽으로 같은 동작을 네 번 반복하세요. 마지막으로 발을 원래의 위치로 모으세요.

10가지 마음챙김 체조를 마쳤습니다. 두 발로 굳게 서서 숨을 들이쉬고 내쉬세요. 몸이 이완되는 것을 느껴보세요. 호흡을 즐기세요.

○   《ブッダの幸せの瞑想》p. 135 참조.

제4장

인간관계와 공동체 실천

행복

승가의 건설과 유지

사회에서 우리 고통의 대부분은 서로 단절된 느낌에서 비롯됩니다. 우리는 가까운 곳에 사는 사람들, 이웃, 동료, 심지어 가족들과도 진정한 연결을 느끼지 못하는 경우가 많습니다. 각자는 떨어져 살아가고, 공동체의 지지로부터 단절되어 있습니다.

마음챙김을 실천하면 우리는 다른 사람들과의 연결을 보기 시작합니다. 충실하게 실천하고 다른 사람들을 지원하려면 공동체가 필요합니다. 불교에서는 수행 공동체를 승가(Sangha)라고 합니다. 부처님에게는 비구, 비구니, 남녀 재가자들로 이루어진 승가가 있었습니다. 우리는 가족을 승가로 만들 수 있습니다. 우리 모두가 깊은 경청과 사랑의 말을 하는 기술을 안다면, 직장과 동네, 지방 정부, 심지어 의회도 승가로 만들 수 있습니다.

승가와 함께 있으면, 고립감과 분리감을 치유할 수 있습니다. 승가에서는 함께 실천하고, 나란히 앉아 밥도 먹고, 함께 식기를 씻습니다. 다른 수행자와 일상의 실천을 함께 하는 것만으로도 우리는 사랑과 수용을 확실하게 느낄 수 있습니다.

승가는 갖가지 나무가 자라고 꽃이 만발하는 정원입니다. 우리 자신과 타인을 아름답고도 독특한 꽃과 나무로 바라볼 수 있을 때, 우리는 진정으로 서로를 이해하고 사랑할 수 있습니다. 어떤 꽃은 봄에 일찍 피고, 또 어떤 꽃은 늦여름에 피기도 합니다. 많은 열매를 맺는 나무도 있고, 시원한 그늘을 제공하는 나무도 있습니다. 어떤 식물도 정원에 있는 다른 식물에 비해 잘나거나 못나지 않고, 똑같은 식물도 없습니다. 마찬가지로 승가의 한 사람 한 사람은 공동체에 제공할 그 사람만의 선물을 가지고 있습니다. 각자 주의해야 할 부분도 있습니다. 각 구성원의 기여에 감사하고 우리의 약점을 성장의 가능성으로 볼 때, 우리는 조화롭게 함께 사는 법을 배울 수 있습니다. 실천하면 우리는 각자가 하나의 꽃이나 한 그루 나무라는 것, 동시에 우리 모두가 서로 연결되어 있는 정원 전체이기도 하다는 것을 이해하게 됩니다.

존재한다(to be)는 것의 본래 의미는 '상호존재한다(inter-be)'는 것입니다. 꽃은 존재하기 위해 햇빛, 구름, 대지에 의존합니다. 우리도 그렇습니다. 우리 중 누구도 혼자 존재할 수 없습니다. 상호존재(interbeing)는 모든 것이 다른 모든 것에 의해 만들어지고 구성된다는 부처님의 가르침입니다. 모든 것을 근원으로 되돌리면 아무것도 남지 않을 것입니다. 햇빛을 태양으로, 물을 구름으로, 흙을 대지로 되돌리면, 어떤 꽃도 더 이상 존재할 수 없습니다. 꽃은 꽃이 아닌 요소로만 만들어집니다. 그래서 우리는 꽃은 자아가 비어 있다(무아)고, 분리된 자아가 없다(空)고 합니다. 꽃 안에 모든 것이 있고, 하나로 분리된 꽃은 없습니다. 우리는 비어 있고, 우주로 이뤄진 존재입니다. 한 사람을 보면 우리는 온 우주와 조상 모두를 볼 수 있습니다. 한 사람 안에서 우리는 우리가 존재하기 이전부터 있어 온 공기, 물, 여러 가지 여로(旅路), 기쁨, 슬픔을 볼 수 있습니다. 우리 안에는 우주를 이해하는 데 필요한 모든 정보가 담겨 있습니다. 우리가 이러한 상호존재의 본질을 볼 수 있다면, 고통은 훨씬 줄어들고 공동체에 참가하는 것의 중요성을 알게 됩니다.

공동체에서 함께 수행할 때 우리의 마음챙김 실천은 더욱 즐겁고 편안하며 안정적이게 됩니다. 우리는 서로를 위한 마음챙김의 종이 되어서, 실천의 길을 따라가면서 서로를 지지하고 가르쳐 줍니다. 공동체의 지지가 있다면, 우리는 우리 안팎에서 평화와 기쁨을 키워내 우리가 사랑하고 아끼는 모든 사람에게 선물로 줄 수 있습니다. 우리는 단단함과 자유를 기를 수 있습니다. 즉 단단하고 깊은 열망을 가지며, 두려움, 오해, 고통에서 자유로울 수 있습니다.

—— 실천 ——

승가를 세우는 것은 해바라기를 심는 것과 같습니다. 우리는 꽃의 성장을 돕는 조건과 성장을 방해하는 조건을 알고 있어야 합니다. 건강한 씨앗, 숙련된 정원사, 충분한 햇빛과 자랄 공간이 필요합니다. 승가를 세울 때 잊어서는 안 될 가장 중요한 것은 우리가 함께 하고 있다는 사실입니다. 당신이 승가를 더 많이 포용할수록, 분리되어 고립된 자아라는 느낌을 더 많이 버릴 수 있습니다. 집단적 지혜와 통찰이 있는 승가에 자신을 맡긴다면, 승가의 두 눈과 양손 그리고 심장은 승가를 구성하는 그 어느 개개인의 그것들보다 더 크다는 것을 분명히 알 수 있습니다.

가족이나 친한 친구와 함께 살고 있다면, 우선 거기에서 시작하세요. 가족과 친구들이 당신의 승가가 될 수 있습니다. 또한 동료들과 함께 사랑과 이해를 실행하고, 서로를 친애하는 자매나 형제와 같이 본다면, '직장 승가'를 만들 수 있습니다. 복도를 걸을 때마다 걷기 명상도 할 수 있습니다.

쉬는 시간에 가능하면 다른 한 사람과 함께 마음챙김을 하면서 앉거나 걷거나 식사하세요. 당신은 종을 초대하는 역할을 맡아 다른 사람들에게 "자, 함께 합시다"라고 하거나, 직장에서 전화 명상을 실천할 수 있습니다. 처음에는 두 사람만의 작은 승가로 시작해도 좋습니다. 단 두 사람이라도 승가를 만들어 마음챙김의 분위기를 조성한다면 주변에 평화와 조화가 자랄 것이고, 얼마 지나지 않아서 당신의 승가도 성장할 것입니다.

새로 시작하기

자신 그리고 자신이 한 과거의 행동, 말, 생각[身口意]을 깊고 솔직하게 바라보고, 자기 자신 그리고 타인과의 관계를 새롭게 시작하는 것이 이 실천입니다. 이 실천의 목적은 마음을 맑게 하고 항상 신선한 기분으로 실천을 계속하는 것입니다. 관계에서 어려움이 생기고 누군가 원한이나 상처를 느낄 때, 우리는 바로 지금이 새로 시작해야 할 때임을 압니다.

새로 시작하기는 승가 안에 있는 긍정적인 요소를 인식하고 감사를 표하는 실천이기 때문에, 친절하게 말하도록 하고 자비로운 경청을 키워 줍니다. 상대방의 긍정적인 특성을 인식하면 자신의 좋은 특성도 볼 수 있습니다. 다만 우리 각자에게는 좋은 부분과 함께, 홧김에 말을 내뱉거나 오해에 사로잡히는 등의 약점도 있습니다. 마음을 정원에 비유하면, 우리는 각자 안에 있는 자애와 자비라는 '꽃에 물을 주고', 분노, 질투, 오해라는 잡초로부터 에너지를 뽑아내 버려야 합니다.

공동체 구성원들에게 감사를 표하고, 상처를 주는 언행을 한 경우는 즉시 사과함으로써 우리는 새로 시작하기를 실천할 수 있습니다. 내가 상처받은 것 역시 정중하게 상대에게 알려도 좋습니다. 공동체 전체의 건강과 행복은 공동체 내의 모든 이들 사이에 존재하는 조화와 평화, 기쁨에 달려 있습니다.

실천

플럼빌리지에서는 매주 새로 시작하기를 실천합니다. 아래는 그 방식입니다. 모두가 막 꺾어온 꽃을 화병에 넣어서 방 한복판에 놓고, 둥그렇게 둘러앉아, 진행자가 시작하기를 기다리면서 자신의 호흡을 따라갑니다. 이 실천에는 꽃에 물 주기, 후회 표현하기, 상처 입은 것과 어려움 표현하기, 이렇게 세 부분이 있습니다. 이 실천은 감정의 상처가 몇 주에 걸쳐 악화되는 것을 방지하고, 공동체의 모든 사람이 안심하고 지낼 수 있도록 도와줍니다.

1) 꽃에 물 주기

우리는 꽃에 물 주기로 시작합니다. 한 여성이 말할 준비가 되어서 합장하면, 다른 사람들은 그녀를 보고 합장하며 그녀에게 말할 권리가 있음을 보여줍니다. 그러면 그녀는 일어서서 중앙에 있는 꽃을 향해 걸어가, 꽃병을 손에 들고 자리로 돌아갑니다. 그녀가 말할 때, 그녀의 말은 그녀의 손에 있는 꽃의 신선함과 아름다움을 반영합니다. 꽃에 물을 주는 동안 화자는 다른 사람들의 건전하고 놀라운 특성을 인정합니다. 그것은 아첨이 아닙니다. 우리는 항상 진실을 말합니다. 깨닫고 보면, 누구에게든 강점이 있습니다. 누구도 꽃을 들고 있는 사람을 방해해서는 안 됩니다. 그녀에게는 필요한 만큼의 시간이 주어지고, 다른 모든 사람은 깊은 경청을 실천합니다. 그녀는 말을 마치면 자리에서 일어나 천천히 꽃병을 방 중앙으로 돌려놓습니다.

제1단계인 꽃에 물 주기를 과소평가해서는 안 됩니다. 다른 사람의 아름다운 자질을 진심으로 인정할 수 있다면, 분노와 원망의 감정에 계속해서 매달리기란 매우 어렵습니다. 우리는 자연스럽게 부드러워지고, 관점은 더 넓어져 전체 현실을 더 포괄적으로 보게 될 것입니다. 우리가 더 이상 오해, 짜증, 판단에 사로잡히지 않을 때, 우리는 공동체나 가족 내의 다른 사람과 화해할 방법을 쉽게 찾을 수 있습니다. 이 실천의 본질은 공동체 구성원 간의 사랑과 이해를 회복하는 것입니다. 실천 형식은 상황과 관련된 사람들에게 적합해야 합니다. 실천에 경험이 더 많고 유사한 어려움을 겪은 다른 사람들과 상담하는 것은, 그들의 경험에서 배우는 것이 있으므로 항상 도움이 됩니다.

2) 후회 표현하기

이 실천의 제2단계에서는 우리가 다른 사람에게 상처를 준 것에 대해 후회를 표시합니다. 무심코 한 말 한마디도 사람에게 상처를 줍니다. 새로 시작하기 의식은 금주 초에 일어났던 후회할 일을 상기하고 없던 일로 돌릴 수 있는 기회입니다.

3) 상처 입은 것과 어려움 표현하기

제3단계에서는 다른 사람들로부터 상처 입은 것을 표현합니다. '사랑의 말'이 필수적입니다. 우리는 공동체를 해치는 것이 아니라 치유하기를 원합니다. 우리는 솔직하지만, 파괴적이기를 원치는 않습니다. 경청의 명상은 실천의 중요한 부분입니다. 깊은 경청을 실천하는 친구들과 함께 빙 둘러앉을 때, 우리의 말은 더 아름답고 건설적인 것이 됩니다. 우리는 결코 비난하거나 논쟁하지 않습니다.

　　실천의 이 마지막 부분에서는 자비로운 경청이 필수입니다. 우리는 상대방을 판단하거나 그와 논쟁하지 않고 기꺼이 그의 고통을 덜어주려는 마음으로 다른 사람의 상처와 어려움에 귀를 기울입니다. 모든 주의를 기울여 듣습니다. 사실이 아닌 것을 듣더라도 상대방이 자신의 고통을 표현하고 내면의 긴장을 풀 수 있도록 계속해서 깊이 경청합니다. 우리가 그녀를 반박하거나 고치려 든다면, 그 실천은 결실을 얻지 못할 것입니다. 그냥 들어줍니다. 그녀의 인식이 옳지 않다고 말해야 한다면 며칠 후에 개인적으로 차분하게 할 수 있습니다. 그러면 새로 시작하기의 다음번 세션에서 그녀 자신이 오류를 수정할 수 있으므로 우리는 아무 말도 하지 않아도 됩니다. 이 의식의 마지막에는 노래를 부르거나, 모두 서로의 손을 잡고 원을 만들어 잠시 호흡을 한 다음에 마칩니다.

평화 협정

친구나 파트너가 우리에게 불친절한 말을 해서 우리 마음에 상처받은 일이 있다고 해봅시다. 즉시 대꾸하면 상황을 악화시킬 위험이 있습니다. 그때 이렇게 하면 어떨까요? 숨을 들이쉬고 내쉬면서 자신을 진정시키는 것입니다. 그리고 충분히 진정되면 이렇게 말합니다. "자기, 방금 당신이 한 말이 나를 아프게 했어요. 나는 깊이 들여다보려고 해요. 당신도 깊이 들여다봤으면 해요. 그런 다음 이번 주 후반에 우리 두 사람이 만나서, 이것을 함께 들여다보면 어떨까요." 한 사람이 우리의 괴로움의 근원을 보는 것은 좋고, 두 사람이 그것을 보면 더 좋고, 두 사람이 함께 보는 것이 가장 좋습니다.

자기의 몸을 마약이나 술로 괴롭히는 것은 자신에 대한 내면의 전쟁이라고 말할 수 있습니다. 이제 자신의 몸, 느낌, 감정과 조약을 맺을 기회가 왔습니다. 일단 그것들과 평화 협정을 체결한다면, 어느 정도 평화가 실현되고 주변의 사랑하는 사람과도 화해를 시작할 수 있습니다. 우리 내면에 전쟁이 있다면, 적군은 말할 것도 없고 사랑하는 사람과도 전쟁을 쉽게 시작하게 됩니다. 우리가 사랑하는 사람에게 말하고 행동하는 방식이, 그들을 '사랑하는 사람'으로 아니면 '적'으로 대하고 있는지를 결정합니다. 사랑하는 사람조차 우리의 적이라면, 어떻게 이 나라와 세계의 평화를 바랄 수 있겠습니까?

　우리 한 사람 한 사람 안에 지혜의 씨앗이 있습니다. 처벌로는 아무것도 얻을 수 없다는 것을 알면서도 항상 누군가를 처벌하려고 합니다. 사랑하는 사람이 우리를 괴롭히는 언행을 할 때, 우리는 그들을 처벌하고 싶어합니다. 그들을 괴롭히면 어느 정도 위안을 얻을 것이라고 믿고서 말이죠. 하지만 정신이 맑아지면, 우리는 이런 행위가 유치하고 어리석은 일임을 압니다. 왜냐하면 우리가 사랑하는 사람을 괴롭힐 때 그들도 우리를 처벌함으로써 어느 정도 위안을 얻으려고 할 것이고, 그러면 처벌의 수위가 점점 높아질 것이기 때문입니다.

　평화 협정과 평화 노트는 관계에서 분노와 상처를 치유하는 데 도움이 되는 두 가지 수단입니다. 평화 협정에 서명할 때, 우리는 상대방뿐만 아니라 우리 자신 안에서 평화를 만드는 것입니다.

─── 실천 ───

평화 협정의 전문은 아래와 같습니다. 그저 읽는 것보다는 실제로 작성하고 서명해 보는 것이 효과가 있습니다. 협정에서는 금요일 밤을 토론의 밤으로 제안합니다. 아무 밤이나 선택할 수 있지만, 협정에 따르면 두 가지 이유로 금요일 저녁이 좋습니다. 시작하는 날이 금요일 오후라면 일주일 후의 금요일을 선택할 수 있습니다. 첫째, 당신은 아직 상처받은 상태라 지금 논의를 시작하면 너무 위험할 수 있습니다. 상황을 악화시키는 말을 할 수도 있습니다. 지금부터 금요일 저녁까지 자신이 느끼는 고통의 본질을 깊이 들여다보는 실천을 할 수 있고 상대방도 그렇게 할 수 있습니다. 운전 중에도 깊이 들여다볼 기회를 만들 수 있습니다. 금요일 밤이 오기 전에 한 사람 또는 두 사람 모두가 문제의 근원을 보고, 상대방에게 말하고 사과할 수 있습니다. 그런 다음 금요일 밤에는 함께 차 한 잔을 마시며 즐겁게 지낼 수 있습니다. 이는 명상의 실천입니다. 명상은 우리 자신을 진정시키고 고통의 본질을 깊이 들여다보는 것입니다.

금요일 저녁까지 고통이 줄어들지 않았다면 한 사람은 자신을 표현하고 다른 사람은 깊이 듣는 관자재보살(Avalokiteshvara)의 기술을 실천할 수 있습니다. 당신은 상대가 이해하고 받아들일 수 있도록 사랑의 말로써 가장 깊은 진실을 말해야 합니다. 반대로 듣는 동안 상대방의 고통이 가벼워지도록 진심으로 경청하세요. 금요일까지 기다려야 할 두 번째 이유는, 금요일 저녁에 그 감정을 없애면 토요일과 일요일을 함께 즐겁게 지낼 수 있기 때문입니다.

평화 협정의 조문

여기에 서명하는 우리는 오래오래 행복하게 살기 위해, 그리고 계속해서 사랑과 이해를 지속적으로 발전시키고 심화시키기 위해, 이하를 준수하고 실천할 것을 서약합니다.

I. 화가 나 있는 본인은 다음에 동의합니다.
1. 이 이상 피해를 주거나 분노를 악화시킬 수 있는 일체의 언행을 하지 않습니다.
2. 자신의 분노를 억누르지 않습니다.
3. (의식적인) 호흡을 실천하고 자신이라는 섬을 의지처로 삼습니다.
4. 24시간 이내에 자신을 화나게 한 상대에게 직접 말하거나, 평화 노트를 통해 자신의 분노와 고통을 부드럽게 전합니다.
5. 구두 또는 평화 노트로 이 문제를 더 자세히 논의하기 위해 주 후반(예: 금요일 저녁)으로 약속을 잡도록 요청하세요.
6. "나는 화난 게 아니에요. 괜찮아요. 나는 괴롭지 않아요. 화낼 일은 없어요. 화낼 정도는 아

닙니다."라고 말하지 않습니다.

7. 의식적인 호흡을 실천하며 자신의 일상생활 (앉을 때, 누울 때, 서 있을 때. 걷고 있을 때)을 깊이 들여다보고, 아래를 이해합니다.

   a) 나 자신도 미숙하게 대처했던 때가 있었다는 것

   b) 나 자신의 습관 에너지 탓에 상대방에게 상처를 준 것

   c) 내 안에 있는 강한 분노의 씨앗이 분노의 주요 원인인 것

   d) 내 분노의 씨앗에 물을 주는 상대방의 고통은 이차적인 원인에 불과하다는 것

   e) 상대도 자신의 고통에서 벗어나기만을 원한다는 것

   f) 상대방이 고통받는 한 나도 진정으로 행복할 수 없다는 것

8. 나의 미숙함과 마음챙김의 부족을 깨달으면, 금요일 저녁까지 기다리지 말고 즉시 사과합니다.

9. 편안한 기분으로 상대방을 만날 수 없다고 느낀다면 금요일 모임을 연기합니다.

II. 상대방을 화나게 한 본인은 다음에 동의합니다.
1. 상대방의 감정을 존중하고, 비웃지 않으며, 그 또는 그녀가 진정할 수 있을 때까지 기다립니다.
2. 즉각적인 논의를 요구하지 않습니다.
3. 직접 말하거나 쪽지로 상대방의 면담 요청을 확인해 주고, 반드시 거기에 갈 것을 약속합니다.
4. 의식적인 호흡을 실천하며 나의 섬을 피신처로 삼고, 아래를 이해합니다.
   a) 나에게는 불친절과 분노의 씨앗이 있고, 상대방을 불행하게 만드는 습관적인 에너지가 있다는 것
   b) 상대를 괴롭히면 내 고통이 줄어들 것이라고 잘못 생각했다는 것
   c) 상대를 괴롭히면 나도 괴로워진다는 것
5. 나의 미숙함과 마음챙김의 부족함을 깨닫는 즉시, 나 자신을 결코 정당화하지 않고 (금요일 저녁을 기다리지 말고) 곧바로 사과합니다.

우리 두 사람은 부처님을 증인으로 삼고 마음챙김을 하는 승가

의 입회하에 이 조문을 준수하고, 성심성의껏 실천할 것을 서원합니다. 삼보의 보호에 의해 양자에게 명료함과 자신감이 보장되기를 기원합니다.

서명, _____

_____년 _____월 _____일에.

── **실천** ──

이 노트는 평화 협정과 함께 사용할 수 있습니다. 복사해서, 사본을 자택 등 필요한 장소에 보관하세요.

●

평화 노트

날짜:

시간:

_____에게

오늘 아침/오후에 당신은 나를 아주 화나게 한 말/행동을 했습니다.

그것으로 나는 아주 괴로워하고 있습니다. 이것을 알아주세요. 당신은 이렇게 말/행동했습니다:

당신의 말/행동을 우리 둘 다 살펴보고, 이번 금요일 저녁에 차분하고 열린 태도로 함께 이 문제를 검토합시다.

지금은 별로 행복하지 않은,
_____ 로부터.

제2의 나

대규모 공동체나 대가족에서 모든 사람에게 무슨 일이 일어나고 있는지 항상 알기란 불가능합니다. 그래서 플럼빌리지에서는 승가를 설립하는 데 도움이 되는 '제2의 나(Second Body)'라는 시스템을 개발했습니다. 당신 자신의 몸이 당신의 '제1의 나'이고, 가족이나 승가의 다른 누군가가 당신의 '제2의 나'입니다. 당신의 제2의 나는 마찬가지로 다른 사람을 그 자신의 제2의 나로 선택하는 식으로, 완전한 원이 될 때까지 계속합니다. 이런 식으로 모든 사람은 돌볼 사람이 있고, 모든 사람은 다른 사람의 돌봄을 받습니다.

  제2의 나를 돌본다는 것은 그녀가 몸이 아프거나 마음이 괴로울 때, 또는 아주 지쳐있을 때 그녀를 돌보고 돕는 것을 의미합니다. 예를 들어, 우리가 함께 여행할 때 제2의 나가 뒤에 남겨지지 않도록 해야 할 책임이 우리에게 있습니다. 제2의 나의 정신이 약해질 때 우리는 그 정신을 북돋아 줄 방법을 찾을 수 있습니다. 제2의 나가 미소를 지을 수 없을 때, 우리는 그녀가 미소를 지을 수 있도록 도울 수 있습니다. 독감에 걸렸을 때 그녀에게 음식과 약을 가져다줄 수 있습니다. 플럼빌리지의 모든 명상 센터에서 제2의 나 시스템을 적용하여, 함께 살아가면서 경험하는 행복의 질을 높이고 있습니다. 단 한 명의 구성원을 돌봄으로써 전체 공동체와의 연결 상태를 유지할 수 있는 멋진 방법이 될 수 있습니다. 이는 대가족 등에서도 동일하게 적용됩니다.

실천

당신 자신이 제1의 나입니다. 제2의 나는 당신 자신의 연장으로서 당신이 돌보는 또 다른 사람입니다. 당신이 내 자신의 제2의 나라면, 나는 당신을 돌보는 친구입니다. 모든 사람은 한 사람을 자신의 제2의 나로 선택하고, 그 사람도 다른 누군가를 선택합니다. 그래서 우리는 한 사람 한 사람이 다음 사람과 연결된 완전한 원을 만듭니다. 그 사람이 우리가 관심을 기울이고 보살피고 싶은 자신의 일부인 것처럼, 제2의 나가 된 상대와 깊은 연결을 느껴야 합니다. 따라서 제2의 나의 건강이 좋지 않으면 당신은 그의 방으로 식사를 가져다주는 등의 도울 방법을 찾고, 제2의 나가 아프다는 것을 공동체에 알립니다. 제2의 나가 행복하지 않다는 것을 알게 되면 묻고 관찰함으로써 도울 수 있는 방법을 찾을 수 있습니다. 당신이 어떤 활동에 참가할 수 없게 되면 당신을 '돌보는 친구'에게 알리세요.

당신을 돌보는 친구는 당신의 행동을 감시하는 경찰이 아니라 당신에게 특별한 보살핌과 관심을 보이는 사람이며, 당신도 마찬가지로 제2의 나에게 특별한 관심을 보입니다. 사람마다 필요로 하는 것이 다소 다르다는 점을 기억하세요. 따라서 세심하고 영리하게 관심을 보여야 합니다. 몇 마디의 친절한 말이 필요할 때도 있지만, 때로는 의식적인 호흡이라는 당신 자신의 섬에 머무는 것이 친구를 위한 최고의 도움이 될 수도 있습니다.

제2의 나를 돌보는 것은 우리 사이의 연결을 유지하고, 우리 모두가 진정으로 한 몸임을 깨닫는 매우 구체적인 실천입니다. 승가의 모든 사람에게 제2의 나가 있습니다. 따라서 당신의 제2의 나가 돌보고 있는 그 사람은 당신의 제3의 나입니다. 그러므로 제2의 나를 돌봄으로써 당신은 전체 공동체를 돌보고 있는 것입니다.

포옹 명상

포옹할 때 우리의 마음은 연결되고, 서로 분리된 존재가 아니라는 것을 알게 됩니다. 마음챙김과 집중력을 가지고 포옹하면 화해, 치유, 이해, 그리고 많은 행복을 가져올 수 있습니다. 마음챙김 포옹은 부자, 모녀, 친구와 친구 사이 등 많은 사람이 서로 화해하는 데 도움이 되었습니다.

실천

친구, 자녀, 부모님, 파트너, 심지어 나무와도 포옹 명상을 할 수 있습니다. 실천하려면 먼저 예를 표하면서 상대의 존재를 확인하세요. 눈을 감고 심호흡을 한 다음 300년 후의 자신과 당신이 사랑하는 상대의 모습을 상상해 보세요. 그런 다음 의식적으로 세 번의 심호흡을 하고, 온전히 지금 여기에 있는 자신을 분명히 느끼세요. 숨을 들이쉬고 내쉬는 실천을 통해 모든 생명이 무상하다는 통찰력을 생생하게 느껴보세요. "숨을 들이마시며, 나는 지금 이 순간의 생명이 소중하다는 것을 압니다. 숨을 내쉬며, 나는 인생의 지금 이 순간을 소중히 여깁니다." 앞에 있는 사람을 향해 미소를 지으며 안아주고 싶은 마음을 표현하세요. 이것은 실천이며 의례(儀禮)입니다. 당신의 몸과 마음을 하나로 모아, 당신의 온전한 존재를 만들어 내고, 생명으로 충만해지는 것은 하나의 의례입니다.

나는 물 한 잔을 마실 때마다 마시는 일에 자신의 100%를 투자합니다. 일상의 매 순간을 그렇게 살도록 실천해야 합니다. 포옹은 깊은 실천입니다. 포옹을 제대로 하려면 지금 여기에 완전히 존재해야 합니다.

그리고 팔을 벌리고 포옹을 시작합니다. 서로 안아주면서, 숨을 들이쉬고 내쉬는 호흡을 세 번 하세요. 첫 번째 호흡으로, 지금 이 순간에 당신 자신이 확실하게 존재하고 있으며 행복하다는 것을 확인합니다. 두 번째 호흡으로 상대방도 이 순간에 존재하고 있으며 행복하다는 것을 알아차립니다. 세 번째 호흡으로 지금 이 순간, 이 대지 위에 함께 있다는 것을 알아차리고, 함께 있음에 대한 깊은 감사와 행복을 느낍니다. 그런 다음 포옹을 풀고 서로에게 절을 하며 감사를 표할 수 있습니다.

첫 번째 숨을 들이쉬고 내쉬는 동안 자신과 사랑하는 사람이 모두 살아있다는 것을 알아차리고, 두 번째 숨을 들이쉬고 내쉬는 동안 지금으로부터 300년 뒤 두 사람이 어디에 있을지 생각하고, 세 번째 숨을 들이쉬고 내쉬는 동안 두 사람 모두 살아있다는 통찰로 돌아가는 방식으로도 실천할 수 있습니다.

이런 식으로 포옹하면 상대방은 살아 있는 진짜 존재가 됩니다. 둘 중 한 명이 준비가 될 때까지 기다릴 필요 없이, 지금 바로 포옹하고 지금 이 순간에 친구의 따뜻함과 안정감을 받을 수 있습니다. 포옹이란 화해의 깊은 실천이 될 수도 있습니다.

조용히 포옹하는 동안 다음과 같은 메시지가 매우 분명하게 전달될 수 있습니다. "자기, 당신은 나에게 소중해요. 세심하게 배려하지 못해 미안해요. 나는 실수를 저질렀어요. 새로 시작할 수 있게 해주세요."

그 순간 인생은 현실이 됩니다. 건축가는 공항이나 철도역 등에서 포옹 명상을 할 수 있게 충분한 공간을 두도록 지어야 합니다. 포옹이 깊어지면 행복도 깊어질 것입니다.

깊은 경청과 사랑의 말

소통이 단절되면 우리 모두 고통을 받습니다. 아무도 내 말을 들어주지 않거나 이해해 주지 않으면, 우리는 곧 터질 폭탄과 같은 상태가 됩니다. 자비로운 경청은 치유를 가져옵니다. 때로 우리는 단 10분의 깊은 경청만으로도 변화하고 입가에 미소를 되찾을 수 있습니다.

우리 중 많은 사람이 가족의 말을 경청하는 능력과 사랑의 말을 사용하는 능력을 상실했습니다. 어쩌면 아무도 다른 사람의 말을 경청할 능력이 없는지도 모릅니다. 그래서 우리는 가족 내에서도 깊은 고독감을 느낍니다. 우리는 치료사가 우리의 말을 들어줄 수 있기를 바라며 치료사를 찾습니다. 하지만 많은 치료사도 내면에 깊은 고통을 가지고 있습니다. 때때로 그들은 그들 자신이 원하는 만큼 깊이 들어줄 수 없습니다. 따라서 누군가를 진정으로 사랑한다면 깊은 경청을 할 수 있도록 자신을 수련해야 합니다.

또한 사랑의 말을 사용하도록 스스로 수련해야 합니다. 우리는 차분히 말할 수 있는 능력을 상실했습니다. 우리는 너무 쉽게 짜증을 냅니다. 입을 열 때마다 나오는 말이 심술궂고 신랄해집니다. 우리는 친절하게 말할 능력을 상실했습니다. 이 능력이 없으면 조화, 사랑, 행복을 회복하는 데 성공할 수 없습니다.

불교에서는 다른 사람의 고통을 덜어 주기 위해 지상에 머물러 있는 보살을 지혜와 자비의 존재로서 찬양합니다. 관세음보살은 자비로써 모든 것을 경청하는 위대한 힘을 가진 참된 존재입니다. 관세음보살은 세상의 모든 소리, 고통의 울부짖음을 듣고 이해할 수 있는 보살입니다.

실천

들숨과 날숨으로 마음챙김 호흡을 하고, 항상 자비심이 우리에게 머물 수 있도록 합니다. 조언하거나 판단하지 말고 경청하세요. "상대방의 말을 내가 듣는 것은 그의 고통을 덜어주고 싶어서다"라고 스스로에게 말할 수 있어야 합니다. 이것이 자비를 갖고 듣는 것, 곧 경청이라고 합니다. 경청하는 내내 상대방이 자비를 느낄 수 있도록 경청해야 합니다. 이것이 바로 경청의 기술입니다. 도중에 짜증이 나거나 화가 나면 계속 경청할 수 없습니다. 듣는 도중에 짜증과 분노의 에너지가 생겨날 때마다 마음챙김의 호흡을 하면서 자신 안에 계속 자비를 유지할 수 있는 방식으로 연습해야 합니다. 다른 사람의 말을 경청하려면 자비로 해야 합니다. 상대방이 무슨 말을 하든, 그가 사물을 보는 방식에 극단적인 정보와 불의(不義)가 있다고 해도, 더욱이 당신을 비난하거나 책망하더라도, 아주 조용히 앉아서 숨을 들이쉬고 내쉬기를 계속하세요.

이런 식으로 계속 들을 수 없다고 느껴진다면 상대방에게 알려주세요. "미안하지만, 며칠 뒤에 계속하면 어떨까요? 기분이 좀 좋아져야 해요. 가능한 한 좋은 상태로 당신의 말을 들을 수 있도록 지금은 명상이 필요해요." 컨디션이 좋지 않다면 최선의 방법으로 경청하지 못할 것입니다. 걷기 명상, 마음챙김 호흡, 앉기 명상을 더 많이 실천해서 자비로운 경청 능력을 회복하세요.

분노 및 다른 강한 감정 돌보기

분노는 엄마를 부르는 어린아이와 같습니다. 아기가 울면 엄마는 아기를 부드럽게 품에 안고 귀를 기울여 무엇이 잘못되었는지 주의 깊게 살펴봅니다. 사랑으로 부드럽게 안아주면 곧 아기의 고통이 진정됩니다. 마찬가지로 우리도 우리 자신의 화를 사랑으로 안으면 즉시 안도감을 느낄 수 있습니다. 우리는 분노를 거부할 필요가 없습니다. 그것은 아기와 마찬가지로 사랑과 깊은 경청이 필요한 우리의 일부입니다. 아기가 진정되면, 엄마는 아기가 열이 나거나 기저귀를 갈아줘야 하는지를 알 수 있습니다. 편안하고 냉정해지면, 우리도 자신의 분노를 깊이 들여다보고 그 분노가 치솟는 상황을 명확하게 볼 수 있습니다.

『선원집영(禪苑集英; 명상의 정원에 핀 꽃)』이라는 책에는 다양한 선승들의 역사가 실려 있습니다.○ 한 노사는 '승려가 화를 품은 채 하룻밤을 넘기면 안 된다'고 말했습니다. 베트남 어린이들은 "화를 내거나 슬퍼하거나 짜증을 내도 좋지만, 5분이면 충분하다"고 말합니다. 우리에겐 화를 내거나 슬퍼할 권리가 있지만, 5분이면 충분합니다. 이 노사의 가르침은 우리에게 밤새도록 화

○　《ブッダの幸せの瞑想》p. 169 참조. 『선원집영』은 국내에 『베트남 선사들의 이야기』(민족사, 2001)로 번역·출간된 바 있다.

를 낼 권리를 주지만, 다음 날 아침에는 그것을 끝내라고 말합니다.

강한 감정을 직접 접하는 연습을 하면 자애와 배려의 에너지가 분노나 슬픔을 줄여줄 것입니다. 폭풍우가 닥쳐오면 우리는 집으로 돌아가 비바람이 들이쳐 집을 파괴하지 않도록 모든 창문과 문을 닫아야 한다는 것을 압니다. 전기가 없으면 촛불이나 등불을 켭니다. 날씨가 추우면 불을 피웁니다. 외부에서 폭풍이 발생하는 동안 내부에 안전 구역을 만듭니다.

강한 감정은 폭풍과 비슷해서 큰 피해를 줄 수 있습니다. 우리는 자신을 보호하고 안전한 환경을 조성하며 폭풍이 지나가기를 기다릴 방법을 찾아야 합니다. 폭풍의 모든 피해를 직접 입으면서 폭풍이 빨리 지나가기를 앉아서 기다릴 수 없습니다. 폭풍우로부터 몸과 마음을 안전하게 지키는 것이 우리의 수행입니다. 폭풍이 지나갈 때마다 우리는 더 강해지고 단단해져서, 곧 더 이상 폭풍을 두려워하지 않게 됩니다. 우리는 이제 평온한 하늘과 고요한 바다를 바라며 기도하지 않습니다. 대신 우리는 삶에서 일어나는 어려움에 대처할 수 있는 지혜와 힘을 갖기를 기도합니다.

우리 안에 감정적 폭풍이 일어날 때까지 실천하지 않고 기다릴 이유가 없습니다. 오늘, 그리고 매일, 5분에서 10분간 실천하도록 합시다. 2~3주면 우리는 호흡법을 터득하고, 감정의 폭풍이 우리 안에 일어날 때 즉시 실천해야 한다는 것을 자동으로 기억해 냅니다.

─ 실천 ─

분노와 함께하기

화가 날 때 어떤 말이나 행동도 자제하는 것이 제일 좋습니다. 내 안에 분노의 씨앗을 심어주는 사람이나 상황으로부터 주의를 돌리세요. 그 시간을 자신에게 돌아가는 시간으로 사용하세요. 의식적인 호흡과 야외 걷기 명상을 통해 몸과 마음을 진정시키고 새롭게 하세요. 마음이 차분해지고 편안해지면 나 자신과 분노를 유발하는 사람, 그리고 상황을 깊이 들여다볼 수 있습니다. 당신과 갈등을 겪고 있는 그 사람은 종종 당신 자신에게도 있는 (그리고 당신이 받아들이기 어려워 하는) 그런 약점을 가지고 있을 수도 있습니다. 자신을 사랑하고 수용하는 마음이 커지면, 자연스럽게 주변 사람들에게도 퍼져나갈 것입니다.

걷기 명상은 화가 날 때 큰 도움이 될 수 있습니다. 걸으면서 아래 게송을 암송해 보세요.

숨을 들이마시며, 마음에 분노가 있다는 것을 안다

숨을 내쉬며, 이 감정이 불쾌하다는 것을 안다

그리고 걷기 명상을 한 다음에 다음 게송을 외어 보세요.

숨을 들이쉬면서, 마음이 고요해진다
숨을 내쉬며, 나는 이제 이 분노를 돌볼 만큼
충분히 강해졌다

분노를 똑바로 바라볼 수 있을 만큼 평온해질 때까지 호흡과 걷기, 그리고 야외의 아름다움을 그저 즐기세요. 시간이 지나면 분노가 가라앉고, 당신은 분노를 직접 바라보고 그 원인을 이해하려고 노력하며 바꾸는 작업을 시작할 수 있을 만큼 충분히 강해질 것입니다.

화가 났을 때 앉기 명상을 한다면 아래 게송을 묵상할 수 있습니다.

궁극의 경지에서° 서로에게 화를 낼 때
우리는 눈을 감고 미래를 바라본다
지금부터 100년 후
당신은 어디에 있을 것이고,
나는 어디에 있을 것인가?

이것은 무상(無常)의 통찰입니다. 사랑하는 사람에게 화가 나면 그를 처벌하여 위안을 얻고 싶어합니다. 그것은 자연스러운 경향입니다. 그러나 눈을 감고 지금부터 100년 또는 300년 후의 자신과 사랑하는 사람을 상상하면 무상에 대한 통찰력을 얻을 수 있습니다. 단 한 번의 들숨과 한 번의 날숨만으로도 그 통찰력을 얻을 수 있습니다. 눈을 뜨면 오직 한 가지 일만 하고 싶은데, 바로 두 팔을 벌려 그 사람을 안아 주는 것입니다. 무상하므로 그의 존재를 소중히 여기는 것, 그것만이 가치 있는 일입니다. 무상의 본질을 모르는 것, 그것만이 화를 품은 이유입니다.

사물이 무상해서 고통받는 것이 아닙니다. 사물이 무상한데도 무상하다는 것을 모르기 때문에 고통받는 것입니다. 이것은 매우 중요합니다. 따라서 무상에 대한 통찰력을 얻고 그것을 생생하게 살려두기 위해 마음챙김 호흡을 실천하는 것은 크게 도움이 됩니다. 그러면 삶을 더 즐겁게 만들기 위해 해야 할 일과 하지 말아야 할 일을 알게 될 것입니다. 꽃을 들여다보고, 구름을 들여다보고, 생명을 들여다보면서 무상의 본성을 접하게 됩니다. 무상이 얼마나 중요합니까? 무상 없이는 아무 것도 이뤄지지 않습니다. 무상에 대해 불평하지 마세요. 사물이 무상하지 않

○　the ultimate dimension의 번역어다. 시다마 게이스케와 마고메 구미코는 "깨달음의 경지"로 옮기고 있지만, 이것도 본 역자의 번역도 의미가 분명하지는 않다.

다면 어떻게 옥수수 한 알이 옥수수가 되겠습니까? 당신의 자녀가 어떻게 자랄 수 있겠습니까? 무상은 삶의 토대입니다. 그런데 당신은 매일 무상의 현실과 함께 살아가면서도 그것을 부정합니다. 사물을 깊이 들여다보는 실천을 하면 무상의 본질을 발견할 수 있고, 그것을 인생의 매 순간 가지고 다니는 생생한 통찰로 만들 수 있습니다.

── 실천 ──

강한 감정 I

슬픔이나 분노, 실망이 떠오를 때마다, 당신은 그것을 다룰 수 있는 능력이 있습니다. 당신의 분노와 실망은 당신의 일부입니다. 그러니 맞서 싸우거나 억압하지 마세요. 그것은 스스로에 대한 폭력이 됩니다. 대신 강한 감정의 폭풍이 몰아칠 때마다 조용히 앉아 허리를 곧게 펴고, 호흡으로 돌아가고 몸으로 돌아가 감각들의 모든 창을 닫으세요.

　인간에게는 눈, 귀, 코, 혀, 몸, 마음이라는 육감이 있습니다. 고통의 원천이라고 생각하는 것, 즉 어느 한 문장, 한 글자, 한 가지 행동이나 소식에 대해 계속 생각하거나 보고 듣지 마세요. 당신 자신으로 돌아가서, 당신의 호흡을 분명히 알아차리고 따르며, 그것을 단단히 붙드세요. 파도에 흔들리는 배의 키를 꼭 잡고 있는 선장처럼. 마음챙김 호흡은 닻이자 키이고 돛대입니다.

숨을 들이쉬고 내쉬는 것에 완전히 주의를 기울이면서 길게 숨을 쉬세요. 아랫배에 주의를 기울이고, 숨을 내쉴 때 배가 수축하고 숨을 들이쉴 때 팽창하는지 확인하세요. 아랫배에 주의를 기울이면서, 주의가 생각을 따라 헤매지 않게 하세요. 모든 생각을 멈추고 호흡만 주의 깊게 따르세요. 이렇게 생각하세요. '나는 많은 폭풍을 겪었어. 모든 폭풍은 지나갈 뿐 영원히 지속되는 폭풍은 없어. 이런 상태의 마음도 지나갈 거야. 만사는 무상이야. 폭풍이 폭풍이지, 우리는 폭풍이 아니야. 폭풍 한가운데서도 안전은 있어. 우리는 폭풍이 우리에게 해를 끼치도록 그대로 두지 않을 거야.' 이런 식으로 생각하고, 이를 잊지 않는다면, 당신은 이미 자신의 주도권을 갖기 시작했고 더 이상 감정적 폭풍의 희생자가 아닙니다.

폭풍에 흔들리는 나무 꼭대기를 바라보고 있으면, 당장이라도 나무가 날아갈 것 같은 예감이 듭니다. 그러나 나무줄기와 밑둥치를 보면, 많은 뿌리가 땅속 깊이 박혀 있다는 것을 알 수 있습니다. 우리는 편안함을 느끼고 나무가 튼튼하게 버틸 것을 압니다. 단전(丹田)은 배꼽 바로 아래의 에너지 포인트를 의미하는 베트남어입니다.° 그것은 나무의 뿌리와 같습니다. 당신의 의식을 하복부에 두고, 생각하고 보고 듣는 것이 당신을 나무 꼭대기로 끌어 올리지 않도록 하세요. 5분, 10분, 15분 동안 그렇게 호흡을 실천하며 마음은 오직 호흡과 하복부에만 집중하고 감정은 지나가게 하세요. 감정의 폭풍이 지나가면, 당신은 자신을 보호할 능력, 그리고 감정의 폭풍을 관리할 수 있는 능력이 있음을 알게 됩니다. 자신에 대한 믿음이 있는 당신은 더 이상 두려워하지 않습니다. 당신에게는 감정의 폭풍이 몰아치거나 떠오를 때마다 자신을 보호할 방법이 있습니다. 그러므로 당신은 매우 평화롭습니다.

── 실천 ──

강한 감정 II

인생에서 어려운 시기를 겪고 있다면, 곤란한 일을 다루기 전에 행복감을 강화해야 합니다. 그 반대가 사실인 것처럼 보일 수도 있습니다. 하지만 먼저 행복이라는 양식을 공급함으로써 고통을 해결할 수 있는 토대를 마련하게 됩니다.

다음 명상이 도움이 될 수 있습니다.

○ 베트남어의 한자 기원을 가리키는 한 사례로 보인다.

조용한 곳에 가만히 앉아 호흡에 주의를 기울이세요. 내적 기쁨을 느끼기 위해 다음 명상 중 첫 번째를 사용하세요. 두 번째 명상은 고통의 감정을 다룰 용기를 줄 것입니다.

1.
숨을 들이쉬면서, 내 안의 기쁨을 자각하네
숨을 내쉬면서, 내 안의 기쁨에 미소를 짓네
숨을 들이쉬면서, 내 안의 행복감을 알아채네
숨을 내쉬면서, 내 안의 행복감에 미소를 짓네

2.
숨을 들이쉬면서,
내 안의 고통스러운 느낌을 알아차리네
숨을 내쉬면서,
내 안의 고통스러운 느낌의 긴장을 풀어주네

빛을 비추기

누군가에게 빛을 비춘다는 것은 관찰력과 통찰력을 발휘하여 실천에 있어서 다른 사람이 가진 강점과 약점에 대해 조언하고, 그 사람이 이익을 얻을 수 있는 실천 방법을 제안하는 것을 의미합니다. 이는 서로간에 깊은 관계, 규칙적인 실천, 강한 유대감이 있을 때 가장 효과적일 수 있는 중요한 실천입니다.

── 실천 ──

모든 수행자는 자기 자신과 자신의 강·약점을 자각해서 수행의 질을 더 명확하게 볼 수 있도록 자신에게 빛을 비춰달라고 승가에 요청합니다. 이는 빛을 비추는 수행자뿐만 아니라 빛을 받는 수행자에게도 매우 깊은 수행입니다. 빛을 비추기 수행은 깊이 보기를 요구합니다. 우리는 형제자매를 바라보고 그 사람의 수행 중에 우리가 진심으로 존중하는 점에 접할 필요가 있습니다. 그때 유일한 동기는, 빛을 받는 사람에 대한 사랑과 자비에서 생긴 욕구, 도우려는 욕구여야 합니다.

받아들이는 사람은 합장하고 빛을 비춰달라고 승가에 요청합니다. "친애하는 승가 여러분, 저의 강점과 약점을 알려주시고,

수행을 향상하기 위해 어떤 수행을 해야 하는지 알려주세요." 그런 다음 지난 몇 달 동안 수행한 것을 말할 것입니다. "친애하는 승가 여러분, 저는 이런 약점, 이런 습관 에너지를 가지고 있습니다. 저는 이러한 습관 에너지를 알아차리기 위해 노력해 왔고, 극복하고 바꾸기 위해 이러한 방법을 사용해 왔습니다." 등등. "○○ 방법에는 성공했지만 △△을 바꾸는 데는 그다지 성공하지 못했습니다." 그리고 그 사람은 스스로를 어떻게 보는지 승가에 이야기합니다.

    승가의 한 사람 한 사람은 빛을 받아들이는 그녀와 전체를 향해서, 그녀에 대해 알고 있는 것을 말합니다. 그 말은 승가에 빛을 비춰달라고 요청한 이를 포함하여 모든 사람이 경청합니다.

    빛을 비추기 수행은 적어도 3개월 이상 함께 살았을 때만 하는데, 그보다 더 오래 알고 지낸 사이에 더 효과적입니다. 먼저, 우리는 우리가 빛을 비추는 상대방이 가진 꽃에 물을 줍니다. 그 사람의 강점, 장점, 긍정적인 면을 이야기하며 이러한 것들이 성장할 수 있도록 돕습니다. 그런 다음 개선할 수 있는 부분, 약점에 대해 말합니다. 이 과정은 항상 사랑, 지혜, 자비로 이루어집니다. 우리는 사랑의 말을 사용하기 때문에 상대방이 상처받지 않습니다. 마지막으로 기질 등을 개선하기 위해 사용할 수 있는 수행을 제안합니다. 무언가를 제안할 때는 자신이 경험한 것을 말해주세요. 어떤 수행을 했는지, 곤란을 이겨냈는지, 스스로 변화되었는지, 우리에게 도움이 된 아주 구체적인 것을 전해주세요. 우리가 말하는 것은 진실에 매우 가깝고, 빛을 받는 자가 자신을 더 명확하게 보는 데 도움이 될 것이며, 그녀는 이익을 얻고 자신의 수행을 개선하기 위해 우리가 제안하는 것을 받아들일 것입니다. 우리는 비판하는 것이 아니라 각자의 길과 수행을 응원하고 공유하는 것입니다.

빛을 비추기 세션에서 하는 발언들을 누군가가 기록하는 것이 중요합니다. 다른 한 사람은 그 메모를 받아 '빛 비추기 편지'에 적습니다. 편지는 최소 세 부분으로 구성됩니다. 편지의 첫 부분은 그 사람의 장점, 강점, 좋은 자질에 대해 말합니다. 두 번째 부분은 아직 남아 있는 약점에 대해 씁니다. 그리고 세 번째 부분은 어떻게 하면 그 사람이 실천과 삶의 질을 향상할 수 있는지 제안하는 내용입니다. 따라서 한 사람에게 빛을 비추는 작업에는 많은 사랑이 담겨 있습니다.

처음에 우리는 주저할 수 있습니다. 사람들이 우리의 약점을 말하는 것이 조금은 두려울 수도 있고, 불쾌하게 들릴 수도 있습니다. 하지만 곧 그것을 좋아하게 될 것입니다. 빛을 비추기 세션을 거치며 우리는 많은 것을 배우고 자신에 대한 이해도 깊어집니다.

빛을 비추기 세션에서 우리는 많은 것을 배웁니다. 누구든 자신만의 비전이 있지만, 그것을 모아서 집단적인 비전이 된다면 그것은 '승가의 눈(Sangha eyes)'이 됩니다. 승가의 눈은 항상 개인의 눈보다 훨씬 밝습니다. 개인의 눈으로 볼 때는 잘 보이지 않을 수 있습니다. 하지만 서른 명, 마흔 명, 오십 명이 각자의 관찰과 비전을 합치면 진실에 더 가까이 다가서게 됩니다.

러브레터 쓰기

인생에서 누군가와 어려움을 겪는다면 홀로 시간을 보내며 편지를 써보는 것도 좋습니다. 매일 보는 사람에게도, 몇 년 동안 못 만난 사람에게도, 마찬가지로 효과가 있습니다. 이미 세상을 떠난 가족에게 편지를 쓰는 것으로 도움받는 사람도 많습니다. 화해 작업은 우리 자신과 사랑하는 사람들에게, 그리고 조상에게 드릴 수 있는 멋진 선물입니다. 우리는 우리 내면의 어머니 아버지와 화해할 뿐 아니라, 우리 밖의 어머니 아버지와도 화해할 기술을 발견할 수 있습니다. 피를 나눈 가족에게 평화와 치유를 가져다주는 것에 늦은 때란 없습니다.

— 실천 —

사랑의 말을 사용한 편지를 쓰도록 스스로에게 적어도 3시간은 주세요. 편지를 쓰는 동안 관계의 본질을 깊이 들여다보는 연습을 해 보세요. 왜 의사소통이 어려웠나요? 왜 행복이 불가능했을까요? 아래와 같은 편지는 어떤가요.

　　사랑하는 아들아,

네가 지난 몇 년 동안 많은 고통을 겪었다는 것을 안다. 그것을 알면서도 나는 너를 도울 수 없었고 오히려 상황을 더 악화시켰지. 아들아, 너를 고통스럽게 하려는 의도는 없었어. 어쩌면 내가 미숙했는지도 몰라. 너에게 내 생각을 강요해서 너를 고통스럽게 했을 수도 있었겠구나. 이전에는 내 고통이 너 때문이라고, 네가 나를 고통스럽게 만들었다고 생각했다. 이제 나는 내 자신의 고통에 대한 책임이 나에게 있고, 내가 너를 괴롭혔음을 깨달았어.

아버지로서 나는 네가 고통받는 것을 원치 않아. 제발 도와다오. 네가 고통받으면 나도 고통을 받을 것이기 때문에, 내가 계속 너를 고통스럽게 만들지 않도록 과거의 내 미숙함을 말해다오. 사랑하는 아들아, 네 도움이 필요해. 우리는 행복한 부자지간이 되어야 해. 그렇게 하기로 결심했어. 네 마음속에 있는 것을 말해다오. 너를 고통스럽게 만드는 언행을 자제하기 위해 최선을 다할게. 나를 도와줘. 도움이 없으면 나는 할 수 없어. 나 혼자서는 불가능해. 과거에 나는 고통받을 때마다 너를 벌하고, 너를 고통스럽게 만드는 언행을 하고 싶었다. 그렇게 해야만 마음이 편해진다고 생각했지만 내가 틀렸어. 이제 나는 너를 고통스럽게 만드는 나의 언행이 나에게도 고통을 준다는 것을 깨달았다. 더 이상 그러지 않기로 결심했어. 제발 도와다오.

편지를 쓰기 시작한 사람과 편지를 끝낸 사람은 이제 같은 사람이 아님을 알 것입니다. 평화와 이해와 자비가 당신을 변화시켰기 때문입니다. 24시간 안에 기적을 이룰 수 있습니다. 이것은 사랑의 말을 실천한 것입니다.

제5장

응용편

행
복

고독

부처님은 수천 명의 승려들에게 둘러싸여 있었습니다. 그는 비구와 비구니들과 섞여서 걸었고, 밥을 먹었지만, 항상 침묵 속에 머물렀습니다. 「홀로 사는 더 선한 길에 대한 가르침」이라는 불교 경전(一夜賢者經)이 있습니다.° 홀로 산다는 것은 주변에 아무도 없음을 의미하지 않습니다. 홀로 산다는 것은 지금 여기에 확고하게 자리 잡고, 지금 이 순간에 일어나는 모든 일을 알아차리고 있다는 뜻입니다. 당신은 마음챙김을 통해 자신의 모든 감정과 지각, 그리고 주변에서 일어나는 모든 일을 알아차리고, 항상 자신과 함께하며 자기 자신을 잃지 않습니다. 이것이 고독한 삶을 사는 이상적인 방법입니다. 과거에 얽매이지 않고, 미래나 군중에 휩쓸리지 않고, 항상 몸과 마음이 하나가 되어 확실히 존재하며, 지금 이 순간에 일어나는 일을 알아차리는 것, 이것이 부처님께서 정의하신 이상적인 고독을 실천하는 모습입니다.

    홀로 있을 능력이 없으면 우리는 점점 더 가난해집니다. 자신을 위한 양식이 충분하지 않고 다른 사람에게 제공할 수 있는 것도 많지 않습니다. 고독하게 사는 법을 배우는 것은 매우 중요합니다. 우리는 매일 육체적으로 혼자 있는 데 시간을 할애해야

○ 《ブッダの幸せの瞑想》p. 188 참조. 초기 경전인 『아함경』에 실린 「일야현자경」의 이야기다.

합니다. 그래야 자신을 기르고 깊이 들여다보는 실천을 하기가 더 쉬워지기 때문입니다.

고독은 높은 산이나 숲속 깊은 오두막에 혼자 있는 것이 아닙니다. 문명으로부터 자신을 숨기는 것도 아닙니다. 진정한 고독은 군중이나 과거에 대한 슬픔, 미래에 대한 걱정, 현재에 대한 흥분에 휩쓸리지 않는 안정된 마음에서 비롯됩니다. 우리는 자신도, 마음챙김도 잃지 않습니다. 마음챙김 호흡에 귀의한다는 것, 현재의 순간으로 돌아오는 것은 우리 각자의 내면에 있는 아름답고 고요한 섬으로 귀의하는 것입니다.

그렇다고 많은 사람과 함께 있을 때 홀로 있기 실천이나 자신을 깊이 들여다보는 실천이 불가능하다는 말은 아닙니다. 가능합니다. 우리는 시장에 있더라도 군중에 휩쓸리지 않고 홀로 있을 수 있습니다. 우리는 여전히 우리 자신입니다. 그룹 토론을 하고 집단 감정이 있더라도 우리는 여전히 우리 자신입니다. 우리는 여전히 우리만의 섬에 안전하고 확고하게 머물러 있습니다.

실천

제1단계는 물리적으로 혼자가 되는 것입니다. 제2단계는 자기 자신이 되어서, 집단 속에 있을 때에도 고독하게 사는 것입니다. 고독하게 산다는 것이 다른 사람들과의 단절을 의미하지는 않습니다. 고독하기에 세상과 교감할 수 있습니다. 나는 온전히 나 자신이기에 당신과 연결되어 있다고 느낍니다. 정말 간단합니다. 세상과 진정으로 관계를 맺으려면 먼저 돌아가서 나 자신과 관계를 맺어야 합니다.

앉아서 명상하고, 걷고, 식사하고, 다른 사람들과 함께 일하되, 항상 자신의 섬으로 돌아와야 합니다. 가족이나 친구와 함께 있을 때는 그 집단의 감정이나 인식에 사로잡혀 자신을 잃지 말고, 즐겨 보세요. 여러분의 커뮤니티, 승가는 여러분의 버팀목입니다. 당신이 커뮤니티에서 마음챙김으로 행동하고, 사랑으로 말하고, 자신의 일을 즐기는 누군가를 볼 때, 그 사람은 여러분에게 마음챙김의 근원으로 돌아가 고독으로 돌아가라는 알림이 됩니다.

주변 사람들 그리고 친구들과 즐거운 시간을 보내고 다른 사람들과의 상호작용에서 길을 잃었다고 느끼지 않는다면, 사회 속에서도 자신의 섬에 머무르며 평화롭게 웃고 숨을 쉴 수 있습니다.

침묵

침묵은 우리의 마음에서 생기는 것이지 외부의 누군가에게서 오는 것은 아닙니다. 우리가 진정으로 침묵할 수 있다면 어떤 상황에 있더라도 침묵을 즐길 수 있습니다. 침묵은 말하지 않거나 요란한 행동을 하지 않는 것만을 의미하지는 않습니다. 침묵은 내면이 방해받지 않음을 의미합니다. 내면의 말이 없어야 합니다. 우리가 침묵하고 주변도 온통 조용하다고 생각하는 순간이 있긴 합니다. 하지만 우리 머릿속에서는 항상 대화가 진행되고 있습니다. 그것은 침묵이 아닙니다.

수행은 우리의 행동 바깥에서 침묵을 만드는 것이 아니라 행동하면서도 침묵을 만드는 것입니다. 승가나 가족 단위로 다른 사람들과 함께 식사하는 것은 침묵을 즐길 수 있는 기회입니다. 앉기 명상과 걷기 명상도 침묵의 기회이며, 법문을 듣는 것도 침묵의 기회입니다. 부처님의 가르침에 대해 말하는 불교 스승의 법문을 듣는 것도 마찬가지입니다. 우리가 내면에서 침묵할 때, 알아차림은 우리 영혼의 토양 안으로 스며듭니다.

실천

플럼빌리지 수행 센터의 수련회에서는 저녁 앉기 명상이 끝날 때부터 다음 날 아침 식사 후까지 깊은 침묵을 지키는 시간을 갖습니다. 정적(靜寂)이 자신의 살과 뼈에 스며들도록 하세요. 승가의 에너지와 마음챙김이 몸과 마음에 스며들도록 하세요. 모든 걸음걸이를 의식하면서 천천히 잠자리로 돌아가세요. 심호흡을 하고 고요함과 상쾌함을 즐기세요. 당신 옆에서 누군가 걸어가도 침묵을 유지하세요. 그 사람도 여러분의 도움이 필요합니다. 밖에서 나무와 별과 함께 혼자 있을 수 있습니다. 그러다가 안으로 들어가서 화장실을 이용하고 옷을 갈아입은 다음 곧바로 잠자리에 들 수 있습니다.

등을 대고 누워서 잠이 올 때까지 깊은 이완을 연습할 수 있습니다. 아침에 일어나면 마음챙김을 하면서 조용히 화장실로 이동하세요, 숨을 쉬고 바로 명상실로 이동하세요. 누구도 기다릴 필요가 없습니다. 도중에 누군가를 만나면 그냥 합장하고 절하면서, 상대도 당신처럼 아침을 즐기도록 하세요.

게으른 날

우리 중 많은 사람은 하루의 일정이 너무 빡빡합니다. 아이들조차 그렇습니다. 늘 바쁘면 그것이 우리에게 만족감을 줄 것이라고 생각하지만, 계속해서 바쁘면 스트레스와 우울증을 겪는 이유 중 하나가 됩니다. 우리는 지금까지 지나치게 열심히 일하도록 자신을 몰아붙여 왔고, 우리 아이들에게도 같은 것을 강요해 왔습니다. 이것은 문명이 아닙니다. 상황을 바꿔야 합니다.

게으른 날은 예정된 활동 없이 지내는 날입니다. 그저 하루가 자연스럽게, 시간에 신경도 쓰지 않고 지나가도록 내버려둡니다. 우리는 혼자서, 아니면 친구와 함께 걷기 명상을 하거나 숲에 앉아 명상할 수도 있습니다. 가볍게 책을 읽거나, 집에 있는 가족에게 또는 친구에게 편지를 쓰기도 합니다.

게으른 날은 우리의 수행과 타인과의 관계를 더 깊이 들여다보는 날이 될 수 있습니다. 우리가 수행해 오던 방식에 대해 많은 것을 배울 수도 있습니다. 수행에 조화를 가져오기 위해 해야 할 일과 해서는 안 될 일을 확인할 수도 있습니다. 우리는 때때로 수행에 너무 많은 것을 강요하여 우리 안팎에 부조화를 낳기도 합니다. 게으른 날은 스스로 균형을 잡을 수 있는 기회입니다. 우리는 휴식이 좀 필요하거나 더 근면하게 수행해야 한다는 것을 인식할 수 있습니다. 게으른 날은 모두에게 아주 조용한 날입니다.

할 일이 없으면 심심해져서 할 일이나 오락거리를 찾게 됩니다. 우리는 살아 있으면서 아무 일도 하지 않는 것을 매우 두려워합니다. 아무 일도 하지 않는 것을 두려워하지 않도록 수련하기 위해 게으른 날이 정해졌습니다. 그렇지 않으면 우리는 스트레스와 우울증에 맞설 수단이 없습니다. 우리가 지루함을 느끼고, 지금껏 외로움과 스스로가 쓸모없다는 느낌을 감추기 위해 오락을 찾았다는 사실을 깨달은 뒤에만 긴장과 우울, 스트레스가 해소되기 시작합니다. 일상생활을 정리해야만, 평화, 기쁨, 사랑, 자비심을 배울 수 있는 기회를 가질 수 있습니다.

실천

게으른 날은 당신이 좋아하는 일을 할 수 있는 날이 아닙니다. 대부분의 날에는 다른 사람을 위해 해야 할 일, 일상적인 일이 너무 많습니다. 그리고 당신 자신을 위해 정말 하고 싶은 일도 있겠지요. 하지만 게으른 날은 그런 날이 아닙니다. 이 날은 무슨 일이든 삼가는 날입니다. 당신은 일을 거부합니다. 항상 무언가를 하는 데 익숙해진 나머지, 이제 그것은 나쁜 습관이 되었습니다. 게으른 날은 그런 습관 에너지에 대한 일종의 과감한 조치입니다.

게으른 날에는 아무것도 하지 않도록 최선의 노력을 다하세요. 아무것도 하지 마세요. 이는 어렵지만 새로운 존재 방식을 배우게 될 것입니다. 당신은 아무것도 하지 않을 때 시간을 낭비하고 있다고 생각합니다. 그건 틀렸습니다. 당신의 시간은 무엇보다 먼저 당신이 존재하기 위한 시간입니다. 살아 있고, 평화롭고, 기쁨이 되고, 사랑하기 위한 시간입니다. 세상에는 즐겁고 사랑으로 가득찬, 무언가 하지 않고도 그저 존재할 수 있는 사람이 필요합니다. 당신이 평화와 단단함의 기술을 안다면, 그것이 모든 행동의 기반이 됩니다. 그 행동 기반이란 있는 그대로 존재하는 것이며, 존재(being)의 질이 행동(doing)의 질을 결정합니다. 그리고 행위는 비행위(non-action)에 근거해야 합니다. 우리는 보통 이렇게 말합니다. "가만히 앉아 있지 말고 뭐라도 좀 해 봐요." 그러나 그 말을 반대로 바꿔서, "아무것도 하지 말고 거기에 그냥 앉아 있으세요." 그래야만 비로소 평화, 이해, 자비가 가능합니다.

법문 듣기

부처님의 가르침은 '법(다르마)'이라고 합니다. 명상 센터에서 열리는 수련회에 참석하거나, 재가 법사가 인도하는 인근의 좌담회나 수업에 참석하면 법문을 들을 수 있습니다.

── 실천 ──

자리를 잡고 평화로운 마음 상태를 유지할 수 있도록 법문 시간보다 일찍 도착하세요. 열린 마음과 수용적인 심정으로 경청하세요. 법문을 지식으로만 듣거나, 또 자신이 이미 알고 있다고 생각하는 내용이나 다른 사람의 말과 비교·검토한다면 전달되는 메시지를 진정으로 받아들일 기회를 놓칠 수 있습니다.

다르마는 내리는 비와 같습니다. 그 비를 당신의 의식 깊숙이 스며들게 해서 이미 그곳에 있는 지혜와 자비의 씨앗에 물을 주도록 하세요. 대지가 상쾌한 봄비를 받아들이듯 열린 마음으로 법문을 흡수하세요. 이 법문은 우리의 나무가 꽃을 피우고, 이해와 사랑의 열매를 맺기 위해 필요한 바로 그 조건일 수 있습니다.

법문 중에는 법문과 스승에 대한 존경심으로, 눕지 말고 의

자나 방석에 앉아 달라는 요청을 받습니다. 법문 중에 피곤함을 느끼면 마음챙김을 하면서 자세를 바꾸고 1~2분 동안 심호흡과 부드러운 마사지를 통해 뇌와 몸의 피로한 부위에 신선한 산소를 공급하세요.

법문하는 동안에는 말하지도 말고 방해가 되는 소음을 내지 않도록 합니다. 법문 도중 꼭 나가야 할 경우, 다른 사람에게 방해가 되지 않는 범위 내에서 퇴장해 주세요.

법담

법담은 수행에 대한 상대방의 통찰과 경험에서 이익을 얻을 수 있는 기회입니다. 이것은 각자의 경험, 기쁨, 어려움, 마음챙김 실천과 관련된 의문 등을 공유할 수 있는 귀중한 시간입니다. 다른 사람이 말하는 동안 깊이 경청하는 연습을 하면 차분하고 수용적인 환경을 조성하는 데 도움이 됩니다. 마음챙김을 실천하면서 경험하는 행복과 어려움에 대해 말하는 법을 배움으로써, 우리는 그룹의 집단적 통찰력과 이해에 기여합니다.

─── 실천 ───

추상적인 아이디어나 이론적인 주제가 아니라, 수행하면서 자기 자신이 직접 체험한 바에 근거한 것만을 전하세요. 우리 중 많은 사람이 비슷한 어려움이나 염원을 공유하고 있습니다. 함께 앉아서 경청하고 공유하면서, 다른 사람들과의 진정한 연결을 인식할 수 있습니다. 한 번에 한 사람만 말하세요. 그 사람이 말하는 동안 자신의 호흡을 따라가며 깊이 경청하면서, 판단하거나 대응하지 말고, 딴말이나 조언도 하지 마세요.

법담 시간 동안 공유된 내용은 모두 기밀임을 기억하세요.

친구가 자신이 직면하고 있는 어려움을 고백한다면, 법담 시간이 아닐 때에는 그것에 대해 이야기하고 싶지 않을 수도 있다는 점을 존중해 주세요.

> 깨달음의 경지에서 법담을 나눌 때
> 우리는 서로를 바라보며 미소를 짓네요
> '당신이 바로 나'로 보이지 않나요?
> 한 사람은 말하고, 다른 사람은 경청하고,
> 우리는 하나입니다

대지에 접하기

대지에 접하는 실천은, 깊이 절하기나 엎드려 절하기로도 알려진 실천입니다. 이 실천은 대지와 우리의 뿌리로 돌아가고, 우리가 혼자가 아니라 영적·혈통적 조상들의 전체 흐름과 연결되어 있음을 인식하는 데 도움이 됩니다. 우리는 대지에 접하며 우리가 분리되어 있다는 생각을 버리고, 우리가 대지이자 생명의 일부라는 사실을 상기합니다.

대지에 접하면 우리는 자그마한 존재가 되고, 어린아이의 겸손함과 단순함을 갖게 됩니다. 대지에 접하면 우리는 땅속 깊이 뿌리를 내려 모든 물의 원천에서 물을 마시는 고목처럼 위대해집니다. 대지에 접하면 우리는 대지의 모든 힘과 안정감을 들이마시고, 분노, 증오, 두려움, 부적절함, 슬픔과 같은 고통을 내뱉습니다.

실천

이 실천을 시작하려면 손바닥을 가슴 앞에서 연꽃 봉오리 모양으로 합장합니다. 그런 다음 몸을 부드럽게 바닥으로 내려서, 정강이, 팔뚝, 이마가 바닥에 편안하게 닿도록 합니다. 대지에 접할 때 손바닥을 위로 향하게 하여 부처님, 법, 승가라는 삼보를 향해 열린 마음을 표현합니다. 대지의 모든 힘과 안정감을 들이마시고, 숨을 내쉬며 일체의 고통에 대한 집착을 버리세요. 대지에 접하기를 한두 번 실천하면 이미 많은 고통과 소외감으로부터 상당히 해방되고, 조상, 부모님, 자녀 또는 친구와 화해할 수 있습니다.

대지에 접하기는 승가와 함께 할 때 도움이 되는 실천법입니다. 승가와 함께 있을 때, 한 사람은 종을 초대하는 사람(벨 마스터)이 되어 절할 때마다 종을 초대할 수 있습니다. 그는 모두가 절하는 동안(전부 5회), 큰 소리로 '대지에 접하는 다섯 개의 실천'을 낭송할 것입니다. 혼자서 대지 접하기를 한다면 텍스트를 읽는 자신의 목소리를 녹음하거나, 외운 내용을 암송하면서 할 수 있습니다.

대지에 접하는 다섯 개의 실천

첫 번째

감사하는 마음으로
혈족의 모든 조상님께 절을 올립니다.

나는 혈관을 순환하며 내 안의 모든 세포에 영양을 공급하는 어머니와 아버지의 피와 살, 생명력을 봅니다. 그분들을 통해 네 분의 조부모님을 봅니다. 나는 모든 세대의 삶, 피, 경험, 지혜, 행복, 슬픔을 내 안에 담고 있습니다. 나는 내 마음과 살과 뼈를 열어서, 조상들이 나에게 전해준 통찰력, 사랑, 경험이 주는 에너지를 받습니다. 비록 부모님도 나름의 문제를 겪기 때문에 잘 표현할 수 없다고 해도, 항상 자식과 손자를 사랑하고 응원하고 있음을 나는 알고 있습니다. 나는 조상의 연속으로서, 조상의 에너지가 나를 통해 흐르는 것을 받아들이고 조상의 응원과 보호, 힘을 구합니다.

두 번째

감사하는 마음으로 나와 영적으로 연결된
모든 조상님께 절을 올립니다.

사랑과 이해의 길을 가르쳐주신 나의 스승들이 내 안에 있습니다. 숨 쉬고, 미소 짓고, 용서하는 길을, 그리고 지금 이 순간을 깊이 살아가는 길을 보여주고 계십니다. 나는 몸과 마음을 열어, 오랜 세월에 걸쳐 존재해 온 깨달은 자들과 그들의 가르침, 승가가 주는 이해와 자애, 보호의 에너지를 받습니다. 나는 나의 고통과 세상에 있는 고통을 바꿀 것을, 스승들의 에너지를 미래 세대의 수행자들에게 전할 것을 서원합니다.

세 번째

감사하는 마음으로 이 땅과 이 땅을 있게 해준
모든 조상님에게 절을 올립니다.

나는 이 땅과 여기 있는 모든 생명에 의해 내가 온전히 존재하고, 보호받고, 영양을 공급받고 있음을 알고, 그들의 모든 노력을 통해 내 인생이 가치 있고 가능하게 되었음을 압니다. 나는 아메리

카 원주민의 혈통을 가진 내 조상에 접하고 있습니다. 그들은 이 땅에 오랫동안 살아오면서 평화와 조화 속에서 자연과 함께 살아가는 방법을 알고, 산, 숲, 동물, 초목, 광물을 보호할 줄 알았습니다. 나는 이 땅의 에너지가 내 몸과 영혼을 관통하여 나를 지지하고 수용하고 있음을 느낍니다. 나는 미래 세대가 더 많은 안전과 기쁨, 평화를 누릴 수 있도록 이 사회의 의식 깊숙이 여전히 자리하고 있는 폭력과 증오, 망상을 바꾸는 데 내 몫을 다하겠다고 서원합니다. 나는 이 대지에 보호와 지원을 요청합니다.

네 번째

> 감사와 자비의 마음으로 절하며
> 나의 에너지를 내가 사랑하는
> 사람들에게 전합니다.

내가 받은 모든 에너지를 이제 아버지와 어머니에게, 내가 사랑하는 모든 사람에게, 나 때문에 그리고 나를 위해 고통받고 걱정하는 모든 사람에게 전하고 싶습니다. 그들 모두가 건강하고 즐겁기를 바랍니다. 피로 연결되어 있는 조상과 영적 가족들 모두가 서로 각자를 향하여 에너지를 모아 주고, 그들 자신을 보호하고 지지하기를 기도합니다. 나는 내가 사랑하는 사람들과 하나입니다.

다섯 번째

> 이해와 자비의 마음으로
> 나를 괴롭힌 모든 이들과 화해하기 위해
> 절을 올립니다.

나는 마음을 열고 나를 괴롭힌 모든 사람, 내 인생의 많은 부분과 내가 사랑하는 사람들의 삶을 파괴한 모든 사람에게 사랑과 이해의 에너지를 보냅니다. 나는 이제 이 사람들이 많은 고통을 겪었고, 그들의 마음이 고통과 분노와 증오로 가득 차 있다는 것을 압니다. 그들이 스스로 변화되어 삶의 기쁨을 경험하고, 더 이상 자신과 다른 사람들을 괴롭히지 않기를 기도합니다. 나는 그들의 고통을 보았고 그들을 향한 어떤 증오나 분노의 감정도 품고 싶지 않습니다. 나는 그들이 고통받는 것을 원치 않습니다. 나는 사랑과 이해의 에너지를 그들에게 전달하고, 모든 조상에게 그들을 도와달라고 청합니다.

여행 떠나기와 여행에서 돌아오기

우리는 여기저기로 여행하는 데 익숙합니다. 휴가를 가거나, 수행 센터나 다른 휴식처에 갈 때도, 당일치기 여행이나 일탈 계획을 세우는 경우가 많습니다. 플럼빌리지에서는 시내로 외출하는 것은 가능한 피하도록 합니다. 이곳 수행 센터에서 보내는 시간은 매우 소중하기 때문입니다. 아름다운 나무와 숲, 새, 우리와 마찬가지로 수행하기 위해 각계각층에서 온 형제자매 등 이곳에는 평화와 행복을 키워주는 요소들이 많이 있습니다. 승가라는 집단의 에너지는 무엇보다도 소중합니다. 우리는 수행에 전념하는 시간을 보냅니다.

한 명상 센터에서 일단 편안하게 쉴 수 있는 곳을 찾았거나 보금자리를 찾은 경우, 떠날 때 슬퍼하는 사람들이 흔히 있습니다. 그러나 '오는 것도 없고 가는 것도 없기' 때문에, 우리는 항상 여러분과 함께 있고 여러분도 우리와 함께 있습니다. 자택으로 돌아가면, 자신의 호흡으로 돌아가는 것을 잊지 마세요. 플럼빌리지와 전 세계에 있는 승가의 구성원들도 함께 호흡하고 있다는 것을 알게 될 것입니다.

실천

여행을 떠나거나 어딘가로 갈 때, 출발 시간 15분 전에 종소리를 초대하세요. 서두르지 않도록 충분한 시간을 가지고 준비하세요. 버스, 승용차, 승합차 쪽으로 향해 걸어갈 때 늦거나 다른 사람들을 기다리지 않게 하세요. 마음챙김을 하면서 걸어가서 빈자리가 있는 차에 타세요. 똑바로 앉아서 호흡을 따라가세요. 주변 풍경을 보는 것도 좋습니다. 다른 사람과의 대화에 빠지지 않도록 하세요.

집이나 가족, 사회로 돌아와서도 수행은 계속하세요. 플럼빌리지의 승가에서 조화롭게 사는 법을 배웠듯이, 여러분은 가정과 사회에서도 조화를 기를 수 있습니다. 수행을 통해 친구를 이해하고 감사하는 법을 배웠듯이, 동료와 이웃을 이해하고 감사하는 법도 배울 수 있습니다. 플럼빌리지의 자매와 형제들과 그랬듯이 시내버스에서 낯선 사람들과도 사랑의 말을 실천할 수 있습니다. 마음챙김 수행은 어디에서나 할 수 있습니다.

언제 어디서나 의식적인 호흡, 마음챙김 식사, 사랑의 말, 깊은 경청, 그 밖의 여러 가지 훌륭한 수행을 당신의 귀의처로 삼을 수 있습니다. 그렇게 할 때 당신은 연결을 실감해서, 고독하지 않게 됩니다. 여러분의 존재는 공동체 전체, 승가 전체의 크기만큼 커집니다.

자애·사랑의 명상°

사랑한다는 것은, 우선 우리 자신을 있는 그대로 받아들이는 것입니다. 따라서 이 사랑의 명상에서는 '나 자신을 알기'가 사랑의 첫 번째 실천입니다. 이 실천을 할 때 우리는 우리를 지금과 같은 존재로 만든 조건들을 보게 됩니다. 이렇게 하면 고통과 행복을 동시에 포함한 우리 자신을 받아들이기가 쉽습니다.

어느 날 코살라 국의 프라세나짓(파세나디) 왕이 말리카 왕비에게 "왕비여, 당신이 자신을 사랑하는 것만큼 당신을 사랑하는 사람이 있습니까?"라고 물었습니다. 여왕은 웃으며 대답했습니다. "왕이시여, 당신보다 당신을 더 사랑하는 사람이 있나요?" 다음 날 이 이야기를 들은 부처님은 이렇게 말씀하셨습니다. "당신 말이 맞습니다. 이 우주에서 우리 자신보다 더 소중한 사람은 없습니다. 마음이 아무리 많이 돌아다녀도, 자신보다 더 사랑스러운 자는 찾지 못할 것입니다. 자신을 사랑하는 것이 얼마나 중요한지 깨닫는 순간, 다른 사람을 고통스럽게 하는 일을 멈출 수 있습니다."

○ Metta/Love Meditation의 번역이다. 저자는 여기에서 metta를 love로, 바로 아래에서는 loving kindness로 각각 영역하고 있다. 역자는 love는 사랑으로, loving kindness는 자애(慈愛)로 번역한다. 사랑과 자애(慈愛)의 첫걸음은 자신에 대한 사랑[自愛]으로 본다는 것이 이 부분의 핵심이다. 그러니까 자애(自愛)가 자애(慈愛)인 셈이다.

팔리어로 메타(Metta)는 자애(慈愛, loving kindness)를 뜻합니다. 자애는 '제발 내가 이렇게 되었으면…' 하는 강한 염원에서 시작됩니다. 그런 다음 우리는 염원의 수준을 넘어가서, 명상의 대상(이 경우에는 자기 자신)의 모든 긍정적이고 부정적인 특성을 깊이 살펴봅니다. 사랑하겠다는 의지는 아직 사랑 그 자체는 아닙니다. 우리는 이해하기 위해 나의 온 존재를 바쳐서 깊이 들여다봅니다. 우리는 그저 말을 반복하거나 다른 사람을 모방하거나 어떤 이상을 추구하지 않습니다. 자애 명상 수행은 자기 암시가 아닙니다. 말로만 "나는 나 자신을 사랑합니다. 모든 존재를 사랑합니다."라고 하지 않습니다. 우리의 몸, 감정, 지각, 마음 작용, 의식을° 깊이 들여다보면서 몇 주가 지나면, '사랑하고 싶다'는 염원은 '사랑한다'는 강한 의지가 될 것입니다. 사랑이 우리의 생각, 말, 행동 안에 들어오고, 우리는 몸과 마음이 평안하고, 행복하며 가벼워짐을 알아차리고, 안전하고 상처로부터 자유롭고, 분노, 고통, 두려움, 불안으로부터 해방되었음을 알게 될 것입니다.

실천할 때 우리는 자신이 이미 가지고 있는 평화, 행복감, 가벼움이 어느 정도인지 관찰합니다. 사고나 불행을 걱정하는지, 우리 안에 어느 정도의 분노, 짜증, 두려움, 불안, 우려가 있는지

○   색수상행식 오온(五蘊)을 말한다.

확인합니다. 우리 안에 있는 감정을 알아차리면서 자기 이해가 깊어집니다. 자신 속의 두려움과 불안이 어떻게 우리의 불행과 관계있는지를 이해하게 되고, 자애(自愛)와 자비심을 기르는 것의 가치를 알게 될 것입니다.

사랑의 명상에서 '분노, 괴로움, 두려움, 불안'이란 우리 안에 머물며 평화와 행복감을 앗아가는 모든 불건전하고 부정적인 마음 상태를 가리킵니다. 분노, 두려움, 불안, 갈망, 탐욕, 무지야말로 현대의 가장 큰 고통입니다. 마음챙김의 생활을 한다면 그런 고통에 대처할 수 있고, 우리의 사랑은 효과적인 행동을 취하게 될 것입니다.

실천

아래에 나오는 사랑의 명상은 5세기경 스리랑카에서 부처님의 가르침을 체계화한 붓다고샤(부다고사)가 지은 『비수디마가(위숫디막가Visuddhimagga; 청정도론淸淨道論)』에서 가져왔습니다.

나의 몸과 마음이 평화롭고 행복하며 가벼워지기를
안전하고 상처에서 자유롭기를
분노, 괴로움, 두려움,

불안으로부터 내가 자유로워지기를

내 자신을 이해와 사랑의 눈으로
바라보는 법을 배우게 하소서
내 안에 있는 기쁨과 행복의 씨앗을
인지하고 접할 수 있기를
내 안의 분노, 갈망, 망상의 근원을
확인하고 보는 법을 배우게 하옵소서

내 안에 있는 기쁨의 씨앗에
매일 영양을 공급하는 방법을 알게 되기를
생기 넘치고 단단하고 자유롭게 살 수 있기를
집착과 혐오에서 해방되게,
하지만 무관심하지는 않게 하소서

이 사랑의 명상을 실천하려면, 등줄기를 펴고 앉아서 몸과 호흡을 가라앉히고 이 구절을 혼자서 외워보세요. 앉은 자세는 이것을 실천하기에 멋진 자세입니다. 가만히 앉아 있으면 다른 일에 너무 몰두하지 않아도 되므로 있는 그대로의 자신을 깊이 들여다보고, 자신에 대한 사랑을 키우고, 이 사랑을 세상에 표현할 최선의 방법을 선택할 수 있습니다.

이 사랑의 명상은 우선 자신('나')부터 시작하세요. 자신을 사랑하고 돌볼 수 있어야 비로소 다른 누군가를 도울 수 있습니다. 다음에는 다른 사람을 대상으로 연습하세요. (그/그녀/그들이 평화롭고, 행복하고, 몸과 마음이 가벼워지길 바랍니다.) 먼저 당신이 좋아하는 사람, 그다음에는 좋지도 싫지도 않은 사람, 그리고 사랑하는 사람, 마지막으로 생각만 해도 괴로운 사람을 선택해서 실천하세요.

인간은 오온으로 이루어져 있다고 부처님은 말씀하십니다. 산스크리트어로 스칸다(skandhas)라고 하는 이 오온은 육체[色], 감정[受], 인식[想], 마음 작용[行], 그리고 의식[識]입니다. 어떤 의미에서 여러분은 측량사이고, 이러한 요소들은 여러분의 영역입니다. 자신의 실제 상황을 알기 위해서는 당신 내부에서 서로 적대하고 있는 이 다섯 요소를 포함해서 자신의 영토를 알아야 합니다. 조화와 화해, 치유를 내부에 가져오기 위해서는 자신을 이해해야 합니다. 깊이 보는 것, 깊이 듣는 것, 그래서 자신의 마음 영역을 측량하는 것이 사랑 명상의 시작입니다.

오온 중의 색, 즉 자신의 몸을 깊이 들여다보는 것으로부터 이 명상을 시작하세요. 물어보세요. 지금 이 순간 내 몸은 어떤가? 과거에는 어땠나? 미래에는 어떻게 될까? 나중에 당신이 좋아하는 사람, 좋지도 밉지도 않은 사람, 사랑하는 사람, 미워하는 사람에 대해 명상을 할 때에도 그의 신체적 측면을 관찰하는 것부터 시작하세요. 숨을 들이쉬고 내쉬면서 그의 얼굴, 걷고 앉고 말하는 방식, 심장, 폐, 신장, 신체의 모든 기관을 시각화하고, 필요한 만큼 시간을 들여 세세한 부분까지 알아차리세요. 하지만 항상 자신부터 시작하세요. 자신의 오온을 명확하게 볼 때 이해와 사랑이 자연스럽게 생겨납니다. 해야 할 일과 하지 말아야 할 일을 알게 됩니다.

내 몸이 편한지 아니면 병으로 고통받고 있는지 살펴보세요. 폐, 심장, 장, 신장, 간의 상태를 살펴보고 내 몸에 진짜 필요한 것이 무엇인지 알아보세요. 당신이 몸을 살펴보면서 행동하고 먹고 마시게 되면, 당신은 몸을 사랑하고 자비롭게 대하는 방식으로 그 행위들을 하게 됩니다. 보통 우리는 뿌리 깊은 습관을 따릅니다. 하지만 깊이 들여다보면 이러한 습관 중 상당수가 몸과 마음에 해를 끼친다는 것을 알 수 있으므로, 건강과 생명력을 높이는 방향으로 습관을 바꾸기 위해 노력하게 됩니다.

다음으로, 감정[受]을 관찰합니다. 지금 당신 안에 있는 감정은 쾌, 불쾌, 둘 다 아닌 것[不苦不樂] 중 무엇입니까? 감정들은 강물처럼 우리 안을 흐르고 있으며, 감정 하나하나는 강물의 한 방울입니다. 감정들의 강을 들여다보고 특정 감정이 어디에서 왔는지를 살펴보세요. 행복을 방해하고 있는 요소들을 살펴보고, 그런 것들을 바꾸기 위해 최선을 다하세요. 자신과 세상 안에 이미 경이롭고 상쾌하고 치유적인 요소들이 있습니다. 그것들에 접하는 수행을 하세요. 그렇게 함으로써 당신은 더욱 강해지고, 자신과 타인을 더 깊이 사랑할 수 있게 됩니다.

그런 다음 인식[想]에 대해 명상하세요. 부처님은 "이 세상에서 가장 고통받는 사람은 잘못된 인식을 많이 가진 사람이며, 우리의 인식은 대부분 잘못된 것이다."라고 말씀하셨습니다. 당신은 어둠 속에서 뱀을 보고 공포에 빠지지만, 친구가 불빛을 비추자 그것이 사실 밧줄에 불과하다는 것을 알 수 있습니다. 어떤 잘못된 인식이 우리를 고통스럽게 하는지 알아야 합니다. 종이에 '확신합니까?'라는 문장을 아름답게 써서 벽에 붙여두세요. 사랑의 명상은 인식의 방식을 개선하기 위해 명확하고 평온하게 보는 법을 배우는 데 도움이 됩니다.

다음으로, 자신의 마음 작용[行]을 관찰하세요. 이것은 당신의 내면에 있으면서 당신의 언행을 이끌어가는 생각과 성향입니다. 당신이 가진 마음 작용의 본성을 알 수 있도록 깊이 관찰하세요. 자기라는 개인의 의식에 의해서 당신이 어떤 영향을 받고 있는지, 가족, 조상, 사회의 집단의식에 의해서 당신이 어떤 영향을 받고 있는지를 이해하세요. 불건전한 마음 작용은 많은 혼란을 일으키고, 건전한 마음 작용은 사랑, 행복, 해방을 가져옵니다.

마지막으로 의식[識]을 살펴보세요. 불교에 따르면 의식은 밭과 같습니다. 거기에는 사랑, 자비, 기쁨, 평온의 씨앗들,° 분노와 두려움과 불안의 씨앗들, 마음챙김의 씨앗 등 온갖 종류의 씨앗이 묻혀 있습니다. 의식은 이 모든 씨앗의 창고, 즉 마음에서 일어날 수 있는 모든 가능성을 담고 있는 창고입니다. 마음이 평화롭지 않다면 그것은 이 창고와 같은 장식(藏識)에 있는 욕망과 감정 때문일 수 있습니다. 평화롭게 살기 위해서는 자기 마음의 성향, 즉 습관 에너지를 인식하여 자제력을 발휘할 수 있어야 합니다. 이것이 바로 예방 의학의 실천입니다. 감정들의 본질을 깊이 들여다보고 그것들의 뿌리를 찾아내어 어떤 감정을 바꿔야 하는지를 이해하고, 평화, 기쁨, 안녕을 가져다 주는 감정을 기르세요.

○ 자비희사 사무량심을 가리킨다.

일방적 무장 해제

우리가 다른 사람을 불행하게 만들었다는 사실을 알게 되면 어떻게 해야 할까요? 우리가 괴롭혔던 사람들은 아직 살아있을 수도, 이미 죽었을 수도 있습니다. 보상하기 위해 무엇을 할 수 있습니까? 상처는 그 사람의 몸, 영혼, 의식 안에 있을 뿐 아니라 우리 자신 안에도 있습니다. 우리가 50년 전에 할머니에게 불친절한 말을 했다고 가정해 봅시다. 고통과 괴로움은 우리의 의식과 영혼에 여전히 존재합니다. 나는 할머니가 그녀의 상처를 안은 채로 내 안에 살아 있음을 압니다. 나 역시 같은 종류의 상처를 안고 살아가고 있습니다. 일방적 무장 해제란 내 편에서 무장 해제를 한다는 것입니다. 상처 입은 상대가 무엇을 하든, 상대가 살아 있든 죽었든 상관없이 스스로 무장 해제를 한다는 것을 의미합니다.

상처 입은 상대가 없다고 해서 자신을 치유할 수 없다는 것은 아닙니다. 상대가 눈앞에 없다고 해서 화해할 수 없는 것은 아닙니다. 화해와 치유는 자기 안에서만 실현될 수 있습니다. 그리고 무장 해제는 일방적으로 이루어질 수 있습니다. 우리 스스로 무장을 해제한다면, 우리가 평화로워진다면, 공격하지 않고 논쟁하지 않기로 결정한다면, 우리 안에는 이미 평화가 있습니다. 한 사람이라도 일방적 무장 해제를 실천하면, 그 효과는 이미 상대에게도 나타납니다.

실천

마음의 상처를 알아차리면 숨을 들이쉬고 내쉬면서 상처를 알아차리기 시작하세요. 예를 들면,

> 숨을 들이쉬며, 내 안의 상처를 알아차린다
> 숨을 내쉬며, 그것을 잘 돌본다
> 숨을 들이쉬며 "미안해요, 할머니"
> 숨을 내쉬며, "다시는 그러지 않겠어요"

이렇게 실천하면 내 안의 할머니가 미소를 짓게 되고 치유가 시작됩니다. 무장을 해제하는 순간, 싸움을 포기하기로 결심하는 순간, 자신 안에서 새로 시작하기로 하는 순간, 치유가 시작되고, 당신은 달라지고 그 변화는 상대에게도 영향을 미칩니다. 당신 마음의 변화는 상대도 압니다. 그리고 지금 당신은 다르게 상대를 보고, 아주 다르게 그녀에게 미소를 짓고 있습니다. 이제 할머니에게 당신은 가시가 아니라 꽃입니다. 곧 할머니도 그 변화를 알아차리고, 스스로 무기를 버리고, 마음을 바꿀 것입니다.

평화는 나에게서 시작됩니다. 화해는 나에게서 시작됩니다. 치유도 나에게서 시작됩니다. 그러므로 깊은 호흡을 실천하고 마음의 고통에 미소를 지으며 새로 시작하겠다고 서원하고, 자애를 실천하면서 자신의 고통과 괴로움을 돌보게 되면, 당신은 이미 상처받은 상대도 돌보고 있습니다. 자신을 돌보는 것은 상대를 돌보는 것입니다.

예를 들어 당신이 누군가와 10년 동안 떨어져 지낸 후 화해의 편지를 쓴다고 가정해 봅시다. 당신의 편지가 진심이라면, 편지를 쓰는 동안에 기분이 훨씬 좋아지기 시작할 것입니다. 아직 편지를 봉투에 넣지 않았고, 우표를 붙이지 않았고, 우체국으로 가져가지 않았고, 상대방이 아직 받지 못했는데도 지금 기분이 아주 좋습니다. 당신은 이미 자신과 화해했으며 건강이 즉시 개선되기 시작합니다. 3일에서 5일이 걸려 상대가 편지를 받고 당신에게 감사 전화를 하겠지만, 그것은 단지 여러 효과의 하나일 뿐 유일한 효과는 아닙니다.

내 속의 아이와 대화하기

우리 중 많은 사람은 상처 입은 아이를 안고 살아갑니다. 우리는 어렸을 때 깊은 상처를 입어, 다른 사람을 신뢰하고 사랑하는 것이 어렵고 타인의 사랑을 받아들이기도 어렵습니다. 이 상처 입은 아이에게 되돌아갈 시간을 만드는 것은 매우 중요한 실천입니다. 그러나 장애물이 있을 수 있습니다. 많은 사람이 우리 안에 상처 입은 아이가 있다는 것을 알고 있지만, 자신에게로 돌아가 그 아이와 함께 있기를 두려워합니다. 우리 안에 있는 고통과 슬픔의 장벽이 너무 크고 압도적이어서 우리는 그 장벽에서 도망칩니다. 그러나 우리는 '우리 집'으로 돌아가서, 어려워도 아이를 돌봐야 합니다. 내부의 고통이 우리를 압도하지 않도록 이를 실천하는 방법에 대한 지침이 필요합니다.

─── 실천 ───

마음챙김 걷기, 마음챙김 앉기, 마음챙김 호흡 실천이 중요합니다. 또한 친구의 마음챙김 에너지가 도움이 됩니다. 상처 입은 내면의 아이에게 처음 되돌아갈 때 한두 명의 친구(특히 수행에 성공한 친구)가 옆에서 지지하고, 자신들의 마음챙김과 에너지를 빌려

줄 필요가 있습니다. 친구가 당신 가까이 앉아 당신의 손을 잡아줄 때 친구의 에너지와 당신의 에너지가 하나가 되어서, 안심하고 상처 입은 내면의 아이를 만나러 가서 안아줄 수 있습니다.

　마음챙김으로 앉거나 걸을 때 내면의 상처 입은 아이에게 말을 걸고 마음챙김의 에너지로 그 아이를 안아주세요. 이렇게 말할 수 있습니다. "내가 여기 있어. 잘 돌봐줄게. 네가 무척 고통 받는 거 알아. 그동안 너무 바빠서 너에게 소홀했어. 이제 너에게 돌아올 방법을 알아냈어."

　하루에도 여러 번 아이와 대화해야 합니다. 그래야만 치유가 시작됩니다. 그 어린아이는 너무 오랫동안 방치되었습니다. 그래서 즉시 실천을 시작해야 합니다. 아이를 부드럽게 안아주고, 다시는 실망시키거나 내버려두지 않겠다고 안심시켜 주세요. 사랑으로 가득한 승가가 있다면 실천이 더 쉬워질 것입니다. 형제자매의 응원 없이 혼자 실천하는 것은 훨씬 어렵습니다. 승가에 귀의해서, 당신을 도와주고, 조언을 해주고, 어려운 순간에 당신을 지지해 줄 형제자매를 갖는 것은 아주 중요합니다.

　당신 속의 상처 받은 아이는 여러 세대에 걸쳐서 존재해 왔을 수도 있습니다. 당신의 양친과 조부모님도 같은 문제를 가지고 있었을 겁니다. 그들 안에도 상처 입은 아이가 있었지만 어떻게 다루면 좋을지 몰라서 그 아이를 당신에게 전해주었습니다. 우리의 실천은 이 악순환을 끝내는 것입니다. 상처 입은 아이를 치유할 수 있다면, 당신을 학대한 사람을 해방하는 것입니다. 그 사람도 학대의 피해자인지도 모릅니다. 당신이 상처 입은 아이를 위해 마음챙김, 이해, 자비의 에너지를 생성하면, 당신은 훨씬 덜 고통받을 것입니다. 자비와 이해에 접할 수 없어서 사람들은 괴로워합니다. 마음챙김을 생성하면 자비와 이해가 가능해집니다. 그러면 당신은 주변 사람에게 사랑받을 수 있게 됩니다. 그전까지 당신은 모든 것과 모든 사람에 대해 회의적이었습니다. 자비심은 타인과 연결하고 소통을 회복하는 데 도움이 됩니다.

열네 가지 마음챙김 수행법

접현종의 열네 가지 마음챙김 수행법은 『브라흐마잘라 숫따(Brahmajāla Sutra; 범망경梵網經)』에 제시된 보살행을 행하기 위해 정해진 58계율의 현대판입니다.●◦ 열네 가지 마음챙김 수행법은 단순한 관념의 가르침이 아니라 실제 생활에서의 마음챙김입니다. 이 수행법을 깊이 실천한다면, 하나의 수행법이 다른 모든 수행법을 포함하고 있음을 알 수 있습니다. 마음챙김 수행법을 공부하고 실천하면 상호존재(interbeing)의 본질을 이해하는 데 도움이 됩니다. 즉 '우리는 홀로 존재할 수 없고, 모든 사람 그리고 만물과 상호 존재한다(inter-be)'는 것입니다. 마음챙김 수행법을 실천한다는 것은 우리 몸과 마음, 그리고 세상에서 일어나는 일을 알아차리는 것입니다. 알아차림을 통해 우리는 삶을 행복하게 살 수 있으며, 살아있는 매 순간에 온전히 존재하고, 우리가 직면한 문제에 대한 지적인 해결책을 모색하며, 크고 작은 방식으로 평화를 위해 노력할 수 있습니다.

    이 책의 〈일상의 실천〉에서 설명한 다섯 가지 마음챙김 수

● 1966년 베트남 전쟁 중에 생겨난 접현종은 출가자와 재가자들로 구성되어 있다. 더 자세히 알고 싶다면 틱낫한의 《*Interbeing*》(Berkeley, Parallax Press, 1988)을 참조.

◦ 국내에는 『틱낫한 인터빙』(불광, 2024)으로 번역 출간되었다.

행법을 깊이 실천하면 이미 열네 가지 수행법을 실천하고 있는 것입니다. 정식으로 열네 가지 마음챙김 수행법을 교육받고 접현종의 핵심 공동체에 가입하려고 하는 것은, 우리가 공동체의 지도자가 되어서 승가에서 수련을 조직하고 싶기 때문입니다. 공동체를 돌볼 수 있는 충분한 시간, 에너지, 관심이 있다는 느낌이 들 때만 정식 수계를 요청해야 합니다. 그러면 우리는 다른 형제자매들과 함께 일하게 될 것입니다. 그렇지 않다면 다섯 가지 마음챙김 수행법으로 충분합니다. 우리는 공식적인 의례 없이도, 그리고 교단의 일원으로 수계를 받지 않고도 열네 가지 마음챙김 수행법을 실천할 수 있습니다. 또 원한다면 자신의 문화적 전통에 맞게 몇 가지 단어를 수정할 수도 있습니다.

___ 수행 ___

제1의 마음챙김 수행법: 마음의 개방
우리는 광신주의와 불관용이 만드는 고통을 깨달아 어떠한 교리, 이론, 이데올로기, 심지어 불교의 것까지도 우상 숭배하지 않고 그것들에 얽매이지 않기로 결심합니다. 우리는 불교의 가르침을 사물을 깊이 들여다봄으로써 이해와 자비심 기르기를 배우는 데 도움이 되는 지침으로 볼 것입니다. 불교는 그 자체를 위해 싸우거나 죽이거나 생명을 바치는 교리가 아닙니다. 우리는 수많은 유형의 광신주의가 사물을 이원적·차별적으로 인식한 결과임을 이해합니다. 우리는 우리 자신과 세계의 독단주의와 폭력을 바꾸기 위해 만사를 개방과 상호존재(interbeing)의 통찰력으로 바라볼 수 있도록 수련할 것입니다.

제2의 마음챙김 수행법: 견해에 대한 무집착

우리는 견해에 대한 집착과 그릇된 인식이 만든 고통을 깨닫고 편협한 마음과 현재의 견해에 얽매이지 않기로 결심합니다. 우리는 집단적 지혜로부터 수혜 받기 위해 견해에 집착하지 않기를 배우고 행하며, 다른 사람의 통찰력과 경험에 열린 마음을 가질 것을 약속합니다. 우리는 현재 우리가 가지고 있는 지식이 불변의 절대적인 진리가 아님을 알고 있습니다. 통찰은 이지적인 지식의 축적이 아닌 자비로운 경청, 깊이 보기, 관념 내려놓기의 수행을 통해 얻어집니다. 진리는 삶에서 발견되므로 우리는 매 순간 우리 내부와 주변의 삶을 관찰할 것이고, 평생 배울 준비가 되어 있습니다.

제3의 마음챙김 수행법: 사상의 자유

우리가 다른 사람에게 우리의 견해를 강요할 때 초래되는 고통을 깨달아 권위, 위협, 금전, 선전, 세뇌 등 어떤 수단으로도 다른 사람에게, 우리의 자녀라 할지라도 우리의 견해를 수용하라고 강요하지 않기로 결심합니다. 우리는 다른 사람이 다를 권리, 무엇을 믿고 어떻게 결정할 것인지를 선택할 권리를 존중하기로 약속합니다. 다만 우리는 사랑의 말과 자비로운 대화를 통해, 다른 사람들이 광신주의와 편협함을 버리고 그것들을 바꾸도록 돕는 법을 배울 것입니다.

제4의 마음챙김 수행법: 고통의 자각

우리는 고통의 본질을 깊이 들여다보는 것이 이해와 자비심을 기르는 데 도움이 된다는 것을 깨달아 마음챙김의 에너지로써 자기 자신으로 돌아가 고통을 알아차리고, 포용하고, 그 고통에 귀 기울일 것을 결심합니다. 우리는 고통에서 도망치거나 소비 행위로 고통을 덮지 않고, 가능한 한 노력을 기울여서 의식적인 호흡과 걷기를 수행해 고통의 근원을 깊이 들여다볼 것입니다. 우리는 고통의 근원을 깊이 이해할 때 비로소 고통을 변화시키는 길을 깨달을 수 있음을 알고 있습니다. 우리 자신의 고통을 먼저 이해해야만 타인의 고통을 이해할 수 있게 됩니다. 우리는 고통받는 사람들과 함께할 수 있도록 개인적인 접촉이나 전화, 전자·시청각 수단 등의 방법을 찾겠다고 약속합니다. 우리는 그들의 고통을 자비, 평화, 기쁨으로 바꾸도록 도울 수 있습니다.

제5의 마음챙김 수행법: 자비롭고 건강한 생활

우리는 진정한 행복이 평화, 단단함, 자유, 자비에 뿌리를 두고 있음을 알고, 수백만 명이 굶주리고 죽어가는 동안 부를 축적하지 않겠다고, 그리고 명예, 권력, 부 또는 감각적 쾌락을 인생의 목표로 삼지 않겠다고 결심합니다. 이런 것들은 많은 고통과 절망을 가져오기 때문입니다. 우리는 음식, 감각, 의지, 의식을 통해 우리가 몸과 마음을 어떻게 키우는지 깊이 들여다보는 수행을 할 것입니다. 우리는 특정 웹사이트, 전자 게임, 음악, TV 프로그램, 영화, 잡지, 서적이나 대화에서 우리 자신의 몸과 의식에 그리고 집단적인 몸과 의식에 독소를 가져오는 알코올, 약물 또는 기타 제품을 사용하거나 도박하지 않을 것을 약속합니다. 우리는 우리 자신의 몸과 의식, 그리고 가족·사회·지구라는 집단적인 몸과 의식에서 자비, 안녕, 기쁨을 보존하는 방식으로 소비할 것입니다.

제6의 마음챙김 수행법: 화 돌보기

우리는 화가 소통을 막고 고통을 일으킨다는 사실을 깨달아, 화가 일어나면 화의 에너지를 돌보고 의식 깊숙이 자리한 화의 씨앗을 인지해 그 씨앗을 변화시키기로 약속합니다. 화가 일어나면 우리는 일체의 언동을 금하고, 마음챙김 호흡이나 걷기를 하여 우리의 화를 인정하고 안아주며 깊이 들여다보기로 결심합니다. 우리는 화의 근원이 우리 밖에 있는 것이 아니라 우리의 잘못된 인식, 자신과 타인의 고통에 대한 이해 부족에 있음을 압니다. 우리는 무상을 묵상함으로써 자비의 눈으로 우리 자신과 화의 원인으로 여겨지는 사람들을 바라보며 상호관계의 소중함을 인정할 것입니다. 우리는 바른 정진[正精進]을 수행하여 이해, 사랑, 기쁨, 포용의 능력을 키우고, 화, 폭력, 두려움을 점진적으로 변화시키고 다른 사람도 그렇게 하도록 도울 것입니다.

제7의 마음챙김 수행법: 지금 이 순간에 행복하게 머물기
우리는 인생이란 지금 이 순간에만 주어진다는 것을 깨달아 일상의 매 순간을 깊이 살아갈 수 있도록 수련할 것을 약속합니다. 우리는 과거에 대한 후회, 미래에 대한 걱정, 현재의 갈망, 분노, 질투로 산란하게 되거나 휩쓸려가지 않도록 노력할 것입니다. 지금 여기에서 무슨 일이 일어나고 있는지 알아차리기 위해 마음챙김 호흡을 할 것입니다. 우리는 우리 내부와 주변, 그리고 모든 상황에 존재하는 경이롭고 신선하며 치유적인 요소들을 접하면서 마음챙김의 생활 기술을 배우기로 결심합니다. 이렇게 하면 우리는 기쁨, 평화, 사랑, 이해의 씨앗을 우리 안에서 가꿀 수 있고, 이어서 우리 의식에서의 변화와 치유를 촉진할 수 있습니다. 우리는 진정한 행복이 외적 조건이 아니라 주로 우리의 정신 태도에 달려 있음을 알고 있으며, 이미 행복할 수 있는 충분한 조건을 가지고 있다는 사실을 상기하는 것만으로 지금 이 순간에 행복하게 살 수 있다는 것을 알고 있습니다.

제8의 마음챙김 수행법: 진정한 공동체와 소통

우리는 부족한 소통이 항상 분열과 고통을 가져온다는 것을 깨달아, 자비로운 경청과 사랑의 말을 행하며 스스로를 수련하겠다고 약속합니다. 진정한 공동체는 포용성과 견해·생각·말의 조화를 구체적으로 수행하는 데 뿌리를 두고 있음을 알고 있으므로, 집단적 통찰에 도달하기 위해 우리의 이해와 경험을 공동체와 공유할 것을 실천합니다. 우리는 비판이나 반대 없이 깊이 경청하는 법을 배우고, 불화를 일으키거나 공동체를 분열시키는 말을 하지 않기로 결심합니다. 곤란한 일이 생길 때마다 우리는 승가에 머물면서 자신과 타인을 깊이 들여다보고, 우리 자신의 습관 에너지를 포함해 곤란을 초래한 모든 원인과 조건을 확인하는 수행을 할 것입니다. 우리는 우리가 갈등을 일으켰을 수도 있는 모든 방식에 대해 책임지고, 소통을 계속할 것입니다. 우리는 피해자처럼 행동하지 않고, 아무리 작은 충돌이라도 조정하고 해결하는 방법을 찾기 위해 적극적으로 행동할 것입니다.

제9의 마음챙김 수행법: 진실하고 사랑스럽게 말하기

우리는 말이 행복이나 고통을 일으킬 수 있음을 깨달아 진실하고 다정하고 건설적으로 말하는 법을 배우겠다고 약속합니다. 우리는 기쁨, 자신감, 희망을 불러일으키고 우리 자신과 다른 사람들 사이의 화해와 평화를 고무하는 언어만을 사용할 것입니다. 우리는 자신과 다른 사람들이 고통을 변화시키고 어려운 상황에서 벗어날 길을 찾는 데 도움이 되도록 말하고 경청할 것입니다. 우리는 사익을 얻거나 타인에게 좋은 인상을 남기기 위해 거짓말을 하거나, 분열이나 증오를 낳는 말을 하지 않겠다고 결심합니다. 우리는 당사자가 없을 때 그의 허물에 대해 말하지 않고, 우리의 인식이 올바른지 항상 자문함으로써 승가의 행복과 화합을 지킬 것입니다. 우리는 상황을 이해하고 바꾸는 데 도움을 주려는 의도만을 가지고 말할 것입니다. 우리는 확신이 없는 일에 대해 소문을 퍼뜨리거나 비판하거나 비난하지 않습니다. 비록 부당한 상황에 대해 거리낌 없이 말하는 것이 우리를 어려운 상황에 처하게 하거나 신변의 안전에 위협이 되더라도, 소리 높여 이야기하도록 최선을 다하겠습니다.

제10의 마음챙김 수행법: 승가를 보호하고 육성하기
우리는 승가의 본질과 목적이 이해와 자비의 실천임을 깨달아 불교 공동체를 개인적인 권력이나 사익을 위해 이용하지 않고, 정치적 도구로 변질시키지도 않겠다고 결심합니다. 하지만 우리는 영적 공동체의 일원으로서 억압과 부정의에 대해 명백히 반대의 입장을 취할 것입니다. 우리는 갈등에서 어느 한쪽에 가담하지 않고 상황을 개선하기 위해 노력해야 합니다. 우리는 상호존재(interbeing)의 눈으로 보고, 자기 자신과 다른 사람을 승가라는 하나의 몸 안에 있는 세포로 볼 것을 약속합니다. 우리 각자는 승가라는 몸의 진실한 세포로서 마음챙김, 집중, 통찰을 낳고 자신과 공동체 전체를 양육합니다. 우리 각자는 동시에 부처님 몸 안에 있는 하나의 세포이기도 합니다. 우리는 적극적으로 형제애·자매애를 쌓고 강물처럼 흐르면서, 이해, 사랑, 번뇌의 지멸이라는 세 개의 진실한 힘을 기르도록 수행해 집단적인 각성을 실현하겠습니다.

제11의 마음챙김 수행법: 바른 생업 [正命]

우리는 우리의 환경과 사회에 엄청난 폭력과 부정의를 가해왔음을 깨닫고 인간과 자연을 해치는 직업을 갖지 않기로 약속합니다. 우리는 지구상 모든 종의 안녕에 기여하는 생업, 그리고 이해와 자비라는 우리의 이상을 실현하는 데 도움이 되는 생업을 선택하기 위해 최선을 다할 것입니다. 전세계의 경제적, 정치적, 사회적 현실 그리고 우리 자신과 생태계와의 상호 관계성을 인식하고, 소비자로서 그리고 시민으로서 책임감 있게 행동할 것입니다. 우리는 천연자원의 고갈을 초래하거나, 지구를 해치거나, 다른 사람으로부터 삶의 기회를 박탈하는 기업에 투자하지도 그

제품을 구매하지도 않겠습니다.

제12의 마음챙김 수행법: 생명 존중

우리는 전쟁과 분쟁으로 큰 고통이 일어난다는 것을 깨달아 일상생활에서 비폭력, 자비, 그리고 상호존재의 통찰을 기르기로 결심하고, 가족, 공동체, 여러 인종과 종교 집단, 국가 사이와 세계에서 평화 교육, 마음챙김에 의한 조정과 화해를 촉진하기로 결심합니다. 우리는 살생하지 않고 다른 사람도 살생하지 않도록 할 것을 약속합니다. 우리는 이 세상과 우리의 생각이나 생활 방식에 있어서 어떠한 살생도 지지하지 않습니다. 우리는 생명을 지키고, 전쟁을 막고, 평화를 구축하기 위한 더 나은 방법을 찾기 위해 승가와 함께 깊이 보기를 열심히 실천할 것입니다.

제13의 마음챙김 수행법: 관대함 기르기

우리는 착취, 사회적 부정의, 도둑질, 억압이 일으키는 고통을 깨달아 생각하고 말하고 행동하는 방식에서 관대함을 기르기를 약속합니다. 우리는 사람, 동물, 식물, 광물의 행복을 위해 일하고, 어려운 사람들에게 시간, 에너지, 물자를 나눔으로써 자애심을 실천합니다. 우리는 남의 것을 훔치거나 소유하지 않겠다고 결심합니다. 다른 사람의 재산을 존중하되 사람들이 타인이나 다른 생명의 고통으로부터 이익을 얻지 못하도록 노력하겠습니다.

제14의 마음챙김 수행법: 진정한 사랑

일반 재가자들을 위해: 우리는 성욕은 사랑이 아니며, 갈망에 의한 성적 관계는 외로움을 해소할 수 없고 더 많은 고통, 좌절감, 고립을 초래한다는 사실을 깨달아 상호 이해와 사랑, 그리고 우리 가족과 친구들에게 알려진 깊고도 장기적인 헌신 없이는 성적 관계를 갖지 않을 것을 결심합니다. 우리는 지지와 신뢰가 있는 가족, 친구, 승가로부터 관계의 진실성을 위한 영적 지원을 받기로 결심합니다. 우리는 자신과 타인의 행복을 지키기 위해 자신과 타인의 권리와 약속을 존중해야 한다는 것을 알고 있습니다. 인간 경험의 다양성을 인정하며, 어떤 형태의 성 정체성이나 성적 지향도 차별하지 않을 것을 약속합니다. 몸과 마음이 서로 연결되어 있음을 알기에 우리는 성 에너지를 돌보는 적절한 방법을 배우고, 우리 자신의 행복과 다른 사람의 행복을 위해 자애, 자비, 기쁨, 포용성을 기르기 위한 적절한 방법을 배우기로 약속합니다. 우리는 성적 관계로 인해 발생할 수 있는 미래의 고통을 알고 있어야 합니다. 우리는 자비와 존중으로 우리의 몸을 대할 것입니다. 우리는 보살의 이상을 실현하기 위해 네 가지 영양소(사식四食)를 깊이 들여다보고, 우리의 생명 에너지(성, 호흡, 정신)를●

● 도교에서 말하는 정기신(精氣神)을 가리킨다.

보존하고 전달하는 방법을 배우기로 결심합니다. 우리는 아동을 성적 학대로부터 보호하고, 연인과 가족이 성적 부정행위로 인해 깨지지 않도록 보호하기 위해 최선을 다하겠습니다. 우리는 새로운 생명을 세상에 가져오는 책임을 충분히 깨닫고 그들이 자라날 미래의 환경에 대해 정기적으로 숙고할 것입니다.

출가자를 위해: 우리는 비구와 비구니의 깊은 염원이 성적 사랑의 속박에서 완전히 벗어나야만 실현될 수 있음을 깨달아 순결을 실천하며, 타인이 그 자신을 지키는 것을 도와주기로 약속합니다. 고독과 괴로움은 성적 관계가 아니라 자애, 자비, 기쁨, 관대함을 실천함으로써 경감될 수 있습니다. 우리는 성적 관계가 출가 생활을 파괴하고, 중생을 섬긴다는 이상의 실현을 막고, 다른 생명을 해칠 것임을 알고 있습니다. 우리는 성적 에너지를 관리하는 적절한 방법을 배울 것입니다. 우리는 우리의 몸을 억압하거나 학대하지 않고, 우리의 몸을 도구로만 보지 않기로 결심하고, 자비심과 존경을 가지고 우리 몸을 대하는 방법을 배울 것입니다. 우리는 보살의 이상을 실현하도록 우리의 생명 에너지(성, 호흡, 정신)를 보존하고 전달하기 위해 네 가지 영양소[四食]를 깊이 들여다볼 것입니다.

제6장

아이와 함께 실천하기

행
복

어린이 말의 경청

어른으로서 우리는 스스로 많은 지혜와 경험을 가진 반면, 아이들은 아직 어리고 아는 것이 거의 없다고 생각할 수 있습니다. 너무나 많은 세대의 부모, 교사, 손위 형제자매들은 아이들의 의견을 중시하지 않았습니다. 그들은 아이들의 경험이 부족하고, 아이들이 생각하거나 원하는 것은 중요하지 않다고 생각합니다. 연장자들은 동생들에게 무엇이 최선인지 안다고 믿고 있는 것 같습니다. 하지만 꼭 그렇지만도 않습니다. 연장자들이 동생들의 어려움과 깊은 소망을 아직 완전히 이해하지 못하고 깊이 들어주지 않는다면, 그들을 진정으로 사랑할 수 없습니다. 사랑은 이해에서 나와야 합니다. 이해에 근거하지 않은 사랑은 해롭습니다. 부모는 자기도 모르는 사이에 자식에게 고통을 주고, 형이나 누나도 동생에게 고통을 줍니다.

우리가 아이들에게 최선이라고 생각하는 것을 하도록 강요할 때, 우리 자신과 아이들 사이의 의사소통이 끊어집니다. 우리 사이에 더 이상 소통이 없는데 우리가 어떻게 행복할 수 있습니까? 가장 중요한 것은 부모와 자녀 간의 원활한 의사소통입니다. 소통의 문이 닫히면 양쪽 모두 고통을 받습니다. 그러나 우리가 대화를 잘하면 부모와 자식이 친구처럼 함께 삶을 공유하게 되는데, 그것만이 진정한 행복을 찾는 길입니다.

가족들은 매주 모임을 가질 수 있습니다. 함께 앉으면, 모두의 행복에 있어서 중요한 문제에 대해 이야기할 수 있는 귀중한 기회가 됩니다. 자녀가 학교에서 어려움을 겪고 있거나 어른들이 직장에서 어려운 상황에 빠져 있다면 그 사실을 나누고, 어떻게 하면 상황을 개선할 수 있을까에 대해 가족 전원이 지혜를 모을 수 있습니다. 이렇게 실천하는 가정이야말로 승가와 같고, 승가는 가족과 같으니, 서로 비슷하게 작동하는 것은 당연합니다. 우리는 이러한 실천을 우리 삶에 적용하기 위해 스스로를 불교도라고 부를 필요가 없습니다. 우리 가족과 공동체에 평화와 기쁨을 가져다주는 것이 이런 실천의 역할이기 때문입니다.

── 실천 ──

사랑의 말과 깊은 경청은 아이들과 소통의 문을 여는 두 가지 훌륭한 방법입니다. 부모는 자녀에게 말할 때 권위의 언어가 아니라 사랑의 언어를 사용해야 합니다. 당신이 사랑과 이해의 언어로 말할 수 있을 때, 자녀들은 당신에게 와서 그들의 어려움, 고통, 불안을 말할 것입니다. 이런 종류의 의사소통을 통해 자녀를 더 많이 이해하고 더 많이 사랑할 수 있습니다. 당신의 사랑이 이해에 근거하지 않는다면, 자녀들은 그것을 사랑으로 느끼지 않을 것입니다.

진정으로 사랑하려면 자녀에게 이렇게 말할 수 있습니다. "내 사랑, 내가 너를 충분히 이해하고 있을까? 내가 너의 어려움과 고통을 이해한다고 생각해? 말해줘. 내가 너를 알아서, 아프게 하지 않는 방식으로 너를 사랑할 수 있다면 좋겠어." 또 이렇게 말할 수 있습니다. "사실대로 말해줘. 내가 너를 이해한다고 생각해? 내가 너의 고통, 어려움, 그리고 너의 간절한 소망을 이해하고 있는 것 같아? 아직 이해하지 못한 것 같다면 이해하도록 도와줘. 이해하지 못한 상태라면 사랑이라는 이름으로 계속해서 너를 괴롭게 할 것이기 때문이야." 이것이 우리가 사랑의 말이라고 부르는 것입니다.

자녀가 말할 때 깊이 경청하세요. 때때로 자녀는 당신을 놀라게 하는 말을 할 것입니다. 그것은 당신이 사물을 보는 방식과 반대일 수 있습니다. 그렇지만 변함없이 깊이 들으세요. 아이가 자유롭게 말할 수 있도록 하세요. 아이가 말할 때 말을 자르거나 아이가 말하는 내용을 비판하지 마세요. 삼십 분, 한 시간, 심지어 세 시간 동안 마음을 다해 깊이 들을 때, 당신은 아이를 더 깊이 보고 아이를 더 잘 이해하기 시작할 것입니다.

당신의 자녀는 아직 어리지만, 그에게는 깊은 통찰력과 특별한 요구 사항이 있습니다. 당신은 자신이 오랫동안 아이를 괴롭혀 왔을지도 모른다는 것을 깨닫기 시작할 수 있습니다. 아이가 괴로우면 당신도 괴로울 것입니다.

아이들과 함께하는 걷기 명상

아이들과 함께 걷는 것은 마음챙김을 실천하는 멋진 방법입니다. 걸을 때 아이의 손을 잡고 싶을 수도 있습니다. 아이는 당신의 집중력과 안정을 받을 것이고 당신은 아이의 생기와 순수함을 받을 것입니다. 때때로 아이는 앞서 달려가 당신이 따라잡기를 기다릴 수도 있습니다. 아이는 인생이 얼마나 경이로운지 일깨워주는 마음챙김의 종입니다.

우리는 감정이 격하거나 속상할 때 걷기 명상을 해서 마음을 가라앉히는 것이 아주 훌륭한 방법임을 아이들에게 가르칠 수 있습니다. 우리는 그들과 함께 걸을 수 있고, 한 걸음 한 걸음에 주의를 기울일 것을 가르칠 수 있습니다.

—— 실천 ——

플럼빌리지에서 나는 젊은이들에게 걸으면서 욀 수 있는 간단한 시를 가르칩니다. 그들은 숨을 들이쉬면서 "위(Oui), 위, 위"라고 말하고, 숨을 내쉴 때 "메르시(Merci), 메르시, 메르시"라고 말합니다. 영어라면 "예스, 예스, 예스. 땡큐, 땡큐, 땡큐"입니다. 나는 그들이 인생과 사회와 대지에 긍정적인 방식으로 반응하기를 바랍니다. 그들은 그것을 매우 즐깁니다.

나는 그들에게 걷기 명상을 이렇게 설명합니다. "당신은 여기에 존재하는 것만으로도 충분합니다. 지금 이 순간을 즐기도록 하세요. 대지는 너무나 아름답습니다. 행성 지구를 즐기세요. 당신도 아름답습니다. 지구와 같이 당신도 하나의 기적입니다."

"당신이 걷는 동안 아무 데도 가지 않고 한 걸음 한 걸음마다 도착하는 것임을 잊지 않도록 하세요. 그렇다면 어디에 도착하나요? 지금 이 순간에. 지금 여기에 도착합니다. 행복하기 위해 다른 것은 필요 없습니다."

아이들이 이러한 자각을 가지고 걸을 때, 그것이 걷기 명상의 실천이 됩니다.

분노 및 기타 강한 감정을 가진 어린이 돕기

감정은 폭풍일 뿐입니다. 와서 잠시 머물렀다가 사라집니다. 아이들은 폭풍이 올 때 그 한가운데에 있습니다. 어른으로서 우리는 자신의 감정 폭풍을 인지하고 미소를 지으며 그것을 포용함으로써 많은 것을 배울 수 있습니다. 강한 감정을 느끼는 아이와 함께 있을 때, 우리는 강한 집중력으로 마음챙김 호흡을 실천하고 이 방법을 아이와 공유해야 합니다.

실천

아이가 강한 감정을 경험할 때마다 아이를 안아주거나 그냥 손을 잡고 함께 실천하도록 초대할 수 있습니다. 단단한 인격을 보여주는 당신의 능력을 아이에게 나눠주세요. "내 손 잡아, 우리 함께 숨 쉬자, 알았지?"

> 숨을 들이쉬면서, 배가 부풀어 오르는 것을 느낀다
> 숨을 내쉬며, 배가 내려가는 것을 본다
> 부풀어 오른다
> 내려간다

아주 깊게 함께 호흡하세요. 아주 천천히 함께 호흡하세요. 그것으로 좋습니다. 이렇게 당신이 가진 단단함의 능력이 아이에게 전해지고 있습니다. 숨을 들이쉬면서 아이는 강해졌다고 느낍니다. 숨을 내쉬면서 아이는 가벼워졌다고 느낍니다. 숨을 들이쉬면서 아이의 마음이 차분해지기 시작합니다. 숨을 내쉬면서 아이의 입에 약간의 미소가 생길 수 있습니다.

좀 더 큰 아이들과 좀 더 자주 화를 내는 아이들은 조약돌을 사용하는 방법이 좋을지도 모릅니다. 당신의 집에 불단이 있다면 그 앞에, 없다면 정원의 특별한 나무 밑이나 바위 위에, 또는 아이들의 방으로 가서 앉습니다. 손에 조약돌을 쥐고 다음과 같이 말하도록 가르칠 수 있습니다.

친애하는 부처님, 이것이 제 조약돌입니다. 오늘 하루 생각대로 잘 풀리지 않는 일이 있을 때 조약돌로 명상하겠습니다. 화가 나거나 속상할 때마다 조약돌을 손에 쥐고 심호흡하겠습니다. 마음이 안정될 때까지 하겠습니다.

아이들이 조약돌을 가지고 다니도록 격려하세요. 그러면 아이들은 하루 중에 불행한 일이 발생하면 주머니에 손을 넣어 조약돌을 쥐고 심호흡하며 다음과 같이 말할 수 있습니다.

> 숨을 들이마시며, 나는 화가 났다는 것을 안다
> 숨을 내쉬며, 나는 화를 잘 돌보고 있다

숨을 쉬면서 이렇게 말하는 동안에도 여전히 화를 낼 수 있습니다. 그러나 어머니가 우는 아기를 안아주듯이 아이들은 자신들의 화를 안고 있어서 안전합니다. 한동안 이렇게 하고 나면 성질이 가라앉기 시작하고, 자신들의 화에 미소를 지을 수 있을 것입니다.

> 숨을 들이마시며, 내 안의 화를 본다
> 숨을 내쉬며, 화에 미소를 짓는다

미소를 지을 수 있다면, 아이들은 다른 때를 위해 조약돌을 다시 주머니에 넣어둘 수 있습니다. 이런 시간이야말로 우리가 이렇게 화를 돌보며, '마음챙김'을 하고 있다는 것을 아이들에게 가르쳐주는 좋은 기회일 것입니다. 마음챙김은 마치 햇빛처럼 작용합니다. 노력하지 않아도 태양은 모든 것을 비추고, 모든 것은 그 때문에 변합니다. 화에 마음챙김의 빛이 비춰지면, 꽃이 태양을 향해 열리는 것처럼 화도 변할 것입니다.

 숨을 쉬면서 복부의 오르내림을 알아차리는 방법을 당신이 아이들에게 보여줌으로써, 두려움이나 화의 감정을 다스리는 방법을 가르칠 수 있습니다. 아이들이 두려움과 화를 느낄 때 당신이 보여준 실천을 잊어버린 경우에는, 어떻게 해야 하는지 부드럽게 상기시켜 주기만 하면 됩니다.

가족 식사

몇 해 전 나는 아이들에게 "아침을 먹는 목적이 무엇인가요?"라고 물었습니다. 한 소년은 "오늘의 에너지를 얻기 위해서요"라고 대답했습니다. 또 다른 아이는 "아침을 먹는 목적은 아침을 먹는 것"이라고 말했습니다. 나는 두 번째 아이가 더 옳다고 생각합니다. 먹는 목적은 먹는 것입니다.

우리는 하루에 한 끼 이상 온 가족이 모여서 식사하기 위해 최선을 다합니다. 함께 밥을 먹으면서 가족으로서의 화합과 사랑을 키워갑니다. 가족 중 누군가가 기도를 암송하거나 식사 전에 함께 노래를 부를 수 있습니다. 우리는 재능과 창의성을 사용하여 모두에게 즐거운 시간을 선사합니다.

——— **실천** ———

세 번 숨을 들이쉬고 내쉬는 침묵 명상을 수행하세요. 서로를 바라보고, 서로의 존재를 인식하고, 처음 2분 동안은 조용히 먹습니다. 청소년을 위한 식전의 묵상을 암송해도 좋습니다.

첫 번째 묵상

이 음식은 우주 전체가 주신 선물입니다. 대지, 하늘, 비, 태양에 감사드립니다.

두 번째 묵상

이 음식을 만든 사람들, 특히 농부, 상인, 요리사에게 감사드립니다.

세 번째 묵상

먹을 만큼만 접시에 담겠습니다.

네 번째 묵상

음식을 천천히 씹어서 맛있게 먹겠습니다.

다섯 번째 묵상

주신 영양으로 다른 사람을 더 사랑하고 이해하는 사람이 되겠습니다.

여섯 번째 묵상

우리는 건강하고 행복해지기 위해, 그리고 가족으로서 서로 사랑하기 위해 이 음식을 먹습니다.

이것은 간단한 실천입니다. 마음챙김을 하면서 먹는 것, 그것이 먹을 수 있는 자격입니다. 마음챙김을 해서 먹는다면 음식이나 음식 생산자에게 친절한 것이 됩니다. 저는 스스로 절제하면서 먹으라고 자신을 가르칩니다. 음식이 나의 안녕에 중요한 역할을 한다는 것을 압니다. 그래서 저는 건강과 안녕을 유지하는 음식만 먹기로 맹세합니다. 성인과 어린이 모두 이런 방식으로 실천할 수 있습니다.

종을 초대하다

함께 호흡하는 것은 참으로 경이로운 일입니다. 우리 스스로 마음챙김 호흡을 할 수 있는 것도 중요하지만, 온 가족이 함께 숨을 들이쉬고 내쉴 때, 그 호흡은 모두를 안아주는 경이로운 에너지를 만들어 냅니다. 우리의 많은 심장은 하나의 심장이 되고 우리의 많은 폐는 하나의 폐가 됩니다. 누군가가 화를 내거나 집안에 다툼이 생기면 바로 그 순간이 종을 초대해야 할 때입니다.

가족의 평화가 흔들릴 때, 가족 중 누구라도 종을 초대할 수 있는 권한이 있습니다. 큰형이 화를 내거나 어머니가 울고 있을 때 가족 중 누군가가 종에 다가가 '종이여 울려주세요'라고 청하는 것이 아주 중요합니다. 그렇다면 가족 모두가 마음챙김 호흡의 실천을 세 번 할 수 있습니다. 아침저녁과 가정에 평화가 부족할 때마다 아홉 번씩 숨을 들이쉬고 내쉬면서 단 일주일이라도 그렇게 연습한다면, 가족은 훨씬 고요하고 조화로울 것입니다.°

° 시마다 게이스케와 마고메 구미코는 다음과 같이 풀어서 번역하고 있다. "아침에 3회, 저녁에 3회, 가족 내 평화가 부족할 때 3회, 하루 9회 호흡하는 것을 1주일도 계속한다면, 가족도 훨씬 조화롭고 평온할 것입니다."《ブッダの幸せの瞑想》p. 261.

실천

저에게는 친구가 많은데, 그중에는 종을 초대하거나 듣는 것을 좋아하는 어린 친구들도 많습니다. 아침에 등교하기 전에 그들은 앉아서 종소리를 초대하여 숨을 들이쉬고 내쉬는 것을 즐깁니다. 아침 식사와 함께 종을 초대하고, 숨을 들이쉬고 내쉬면서 평화, 고요함, 단단함으로 하루를 시작할 수 있습니다. 따라서 상대방에게 "멋진 하루 되세요"라고 말하는 대신, 당신은 종소리를 들려주고 함께 호흡을 하면서 멋진 하루를 시작하도록 도울 수 있습니다. 그리고 잠자리에 들기 전 온 가족이 모여 앉아서 종을 초대하여 호흡 명상을 실천할 수도 있습니다. 매우 아름답고 평화로운 모습입니다.

    종을 초대하는 행위는 어른과 어린이가 마찬가지입니다. 당신(종의 초대자)이 종에 한 번 절하고 종을 손 위에 놓고, 작은 종소리를 부르기 전에 아래 시를 외면서 호흡합니다. 아래 시를 외면서 숨을 들이쉬고 내쉬고, 들이쉬고 내쉬세요.

> 몸과 말과 마음이 온전히 하나 되어
> 종소리와 함께 내 마음을 보낸다
> 종소리를 듣는 사람들이 마음의 잠에서 깨어나길
> 그리고 불안과 슬픔의 길을 넘어가길

그런 다음 종을 살짝 칩니다. 이제 사람들이 준비할 시간, 즉 한 번의 들숨과 한 번의 날숨의 시간을 갖도록 하세요. 그런 다음, 당신은 큰 종소리를 초대합니다. 그 소리가 끝나면 다음 시와 함께 세 번 숨을 들이쉬고 내쉬게 됩니다.

들어 주세요
이 경이로운 종소리
나를 본래의 집으로
다시 데려다주네

아주 깊이 듣고 즐기세요. 그것이 평화의 실천입니다. 이 순간이 지나면 다시(두 번째) 큰 종소리를 초대합니다. 천천히 세 번 숨을 들이쉬고 내쉽니다. 최후의 종(세 번째)을 초대해서, 세 번 호흡합니다. 끝나면 종을 쿠션 위에 놓으세요.

아직 어린 종 초대자는 자신의 들숨과 날숨이 성인의 들숨과 날숨보다 짧다는 것을 고려해, 종소리와 세 차례의 호흡 이후에도 조금 긴 시간을 주어서 어른들이 세 번의 들숨과 날숨을 충분히 즐길 수 있도록 배려해야 합니다. 이런 행동은 참 친절한 것입니다. 종소리를 듣는 것은 우리 자신을 즐기고, 평화를 누리고, 살아있음을 즐기는 시간이기 때문입니다. 저는 이렇게 앉아서 한시간 이상 종소리를 들으면서 즐깁니다. 아주 힐링이 되고 활력이 충만하게 됩니다.

조약돌 명상

저는 주머니에 조약돌 몇 개를 넣어 다니는 것을 좋아합니다. 제 주머니에는 신용카드도, 돈도, 담배도 없습니다. 대신 종이 한 장과 작은 종 같은 것들이 있습니다.

이 조약돌들은 우리 한 사람 한 사람이 인류라는 정원의 꽃으로 태어났다는 것을 가르쳐 줍니다. 우리가 자신의 싱그러움을 유지하는 방법을 모른다면 스스로는 괴롭고, 사랑하는 사람들에게 제공할 미덕도 충분하지 못할 것입니다.

─── 실천 ───

작은 주머니를 하나 만들어 바깥에서 주운 조약돌 네 개를 그 주머니에 넣으세요. 모두 원을 그리며 앉고, 가족 중 어린이나 어른 한 사람이 종 초대자 역할을 합니다. 종을 세 번 울리도록 초대하고 숨을 들이쉬고 내쉬는 것을 즐긴 후, 주머니에서 조약돌을 부어 왼쪽 바닥에 놓습니다. 오른손으로 조약돌 하나를 집어 올려 봅니다. 첫 번째 조약돌은 꽃을 나타냅니다. 그것은 또 당신 자신의 신선함과 꽃의 본성을 나타냅니다.

조약돌을 왼손 손바닥에 놓고 왼손을 오른손에 얹어 꽃의 본성에 대한 명상을 시작하세요.

> 숨을 들이마시며, 나는 꽃
> 숨을 내쉬며, 나는 싱그럽다

당신은 인류라는 정원에 핀 꽃이기 때문에 그것은 가짜가 아닙니다. 자신을 꽃으로 여기세요. 꽃은 항상 웃고 있기에 실천하는 동안 미소를 짓는 것이 매우 도움이 됩니다. 꽃/싱그러움을 세 번 연습합니다. 그 후 조약돌을 오른쪽 바닥에 내려놓습니다.

그런 다음 두 번째 조약돌을 가져다가 바라보세요. 이 조약돌은 산을 나타냅니다. 산은 단단함을 상징합니다. 당신은 당신 자신이고, 안정되고 단단합니다. 단단함이 없으면 정말로 행복하기 어렵습니다. 당신은 도발, 분노, 두려움, 후회 또는 불안에 끌려다닙니다. 반가부좌나 연꽃 자세에서 몸은 매우 안정되고 단단하게 느껴지기 때문에 이 명상은 앉은 자세에서 가장 잘 수행됩니다. 누가 와서 밀어도 넘어지지 않습니다. 두 번째 조약돌을 왼손에 놓고, 산 위에서 명상하듯 시작하세요.

> 숨을 들이마시면서, 나는 산
> 숨을 내쉬면서, 단단하네

산/단단함을 세 번 반복합니다. 당신이 단단해지면 더 이상 몸과 마음이 흔들리지 않습니다.

세 번째 조약돌은 고요한 수면을 나타냅니다. 호수의 수면에 작은 물결도 일렁이지 않아서 주변 풍경이 그대로 비치는 것을 본 적이 있을 것입니다. 수면이 아주 고요해서 푸른 하늘, 흰 구름, 산, 나무를 그대로 비춥니다. 사진을 촬영하면 호수에 비친 하늘과 산이 실제의 것과 똑같아 보입니다. 마음이 고요하면 사물을 있는 그대로 반사합니다. 당신은 잘못된 인식의 피해자가 아닙니다. 당신의 마음이 갈망, 분노나 질투로 흔들리면, 당신은 사물을 잘못 봅니다. 잘못된 인식은 우리에게 많은 분노, 두려움, 폭력을 가져오고, 모든 것을 파괴할 언행을 강요합니다. 이 실천은 잔잔한 물로 대표되는 고요함과 평화를 회복하는 데 도움이 됩니다.

숨을 들이마시며, 나는 고요한 수면
숨을 내쉬며, 있는 그대로 비춘다

물/비춘다를 세 번 반복합니다. 이것은 단순한 희망 사항이 아닙니다. 마음챙김 호흡을 통해 호흡, 몸, 감정에 평화를 가져올 수 있습니다.

네 번째 조약돌은 공간과 자유를 나타냅니다. 마음에 충분한 공간이 없으면 행복을 느끼기가 매우 어렵습니다. 당신은 꽃꽂이할 때 꽃이 아름다움을 발산하려면 주변에 공간이 필요하다는 것을 이해합니다. 사람도 공간이 좀 필요합니다. 누군가를 사랑한다면 그에게 줄 수 있는 가장 소중한 것 중 하나는 공간입니다. 그리고 이것은 슈퍼마켓에서 살 수 없습니다. 하늘을 항해하는 달을 상상하세요. 달은 그 주위에 많은 공간을 가지고 있으며, 그것이 달의 아름다움의 일부입니다. 부처님의 많은 제자는 부처님을 텅 빈 하늘을 항해하는 보름달로 묘사했습니다.

숨을 들이마시면서, 나는 공간
숨을 내쉬며, 나는 자유

공간/자유를 세 번 반복하세요. 누구에게나 자유와 공간이 필요합니다. 사랑하는 가족에게도 공간을 주세요. 당신의 생각이나 방식을 다른 사람에게 강요하지 말고, 그들에게 이 조약돌 명상이라는 선물을 주면 좋습니다. 당신은 이런 식으로 가족 각자의 마음에 있는 걱정, 두려움, 화를 제거하는 데 도움을 줄 수 있습니다.

호흡의 방

어느 집에나 호흡의 방으로 이름 붙인 방이 있거나 적어도 호흡 코너가 있다면 좋겠습니다. 여기에 꽃을 놓는 낮은 테이블, 작은 종을 두세요. 주변에는 가족 모두가 앉을 수 있는 쿠션을 두면 좋습니다. 불안하거나 슬프거나 화가 날 때 이 방에 들어가서 문을 닫고 앉아서 종소리를 초대하여 마음챙김의 호흡을 할 수 있습니다. 10분에서 15분 정도 호흡을 하면 기분이 나아지기 시작합니다. 이렇게 실천하지 않으면 성질을 부릴 수 있습니다. 그러면 소리를 지르거나 상대방과 다툼을 벌여 가정에 큰 풍파를 일으키게 됩니다.

플럼빌리지에서 여름 수련회를 하던 어느 날, 저는 한 소년에게 "애야, 네 아빠가 화가 나서 말할 때 아빠를 도울 수 있는 방법이 있니?"라고 물었습니다. 아이는 고개를 저었습니다. "어떻게 해야 할지 모르겠어요. 너무 무서워져서 도망치려고 해요." 플럼빌리지에 온 아이들은 호흡의 방에 대해 배울 수 있고, 부모가 화를 낼 때 도울 수 있습니다. 저는 그 아이에게 "부모님을 호흡의 방으로 초대해서 함께 호흡하렴."이라고 말했습니다.

실천

호흡의 방이나 호흡 코너는 가족의 사전 동의가 필요합니다. 모두가 행복하다고 느낄 때 가족 구성원에게 서로 합의서에 서명하도록 요청하는 것이 좋습니다. 이렇게 말할 수 있습니다. "때때로 우리는 화가 나서 당신이나 서로에게 상처를 주는 말을 합니다. 이것은 당신을 두렵게 합니다. 다음에 이런 일이 일어나면, 우리는 호흡의 방으로 들어가 종소리를 초대하고 모두 호흡으로 돌아갑시다." 자녀가 한 명인 3인 가족의 경우에도 가족의 다른 구성원에게 이 계약서에 서명하도록 요청할 수 있습니다. 당신이 화가 날 때 자녀가 부부 두 사람 모두를 도울 수 있는 방법을 찾을 수 있습니다.

그 순간에 당신이 돌보는 아이가 행복하다고 느끼고 있다면, 아이는 매우 열렬히 동의할 것입니다. 아직 어린아이로서 그는 매우 생동감이 넘칩니다. 아이는 자신의 생동감을 이용해 부모를 도울 수 있습니다. 그 아이는 부모 중 한 명에게 이렇게 말할 수 있습니다. "저를 따라 호흡의 방으로 가서 말다툼 대신 함께 호흡해요. 어떻게 생각하세요?"

한 부모만 동의하고 다른 부모가 뚱하게 대답할 때, 아이는 동의하는 부모의 손을 잡고 그에게 "호흡의 방으로 가요."라고 말할 수 있습니다. 뚱하게 답했던 부모가 이 모습을 보면, 그는 깨닫게 될 것입니다.

호흡의 방에 들어가면 종소리와 부처님이 아이를 지켜줍니다. 가족 모두가 다음과 같은 합의서에 서명할 수 있습니다. "호흡의 방에서 종소리가 들리면, 그것은 부처님이 우리를 부르는 소리이며, 집안의 모든 사람이 잠시 멈추고 호흡합니다. 그 이후에는 아무도 계속 소리를 지르지 않을 것입니다." 온 가족이 종소리에 잠시 멈춰서 호흡하겠다는 약속을 할 수 있습니다. 이는 '평화와 기쁨의 마음으로 함께 살아가기 위한 합의서'라고 합니다. 이것을 집에서 실천할 수 있다면, 3개월 뒤엔 가정의 분위기가 훨씬 좋아졌음을 실감할 것입니다. 아이들 마음의 상처가 아물고 점차 치유될 것입니다.

네 개의 주문

이것은 우리 모두가 집에 가져가서 매일 수행했으면 하는 실천입니다. 주문(呪文, 만트라)은 마법의 말입니다. 우리가 주문을 욀 때마다, 우리는 바로 상황을 바꿉니다. 기다릴 필요가 없습니다. 마법의 말이 효과가 있으려면 적절한 타이밍에 외워야 합니다. 주문을 효과적으로 만드는 조건은 마음챙김과 집중력이며, 그렇지 않으면 효과가 없습니다.

── 실천 ──

네 가지 주문의 내용은 성인과 아이들에게 동일합니다.

첫 번째 주문
「당신을 위해 내가 여기에 있어요」
　　산스크리트어나 티베트어로 욀 필요 없이 자신의 언어로 외세요. 왜 이 주문을 외나요? 누군가를 사랑할 때는 내가 가진 최선의 것을 주어야 하기 때문입니다. 그리고 사랑하는 사람에게 제공할 수 있는 가장 좋은 것은 당신의 참된 존재입니다.

두 번째 주문

「당신이 거기 있다는 걸 알아요, 나는 매우 행복해요」

사랑한다는 것은 사랑하는 사람의 존재를 인정하는 것을 의미합니다. 그러려면 시간이 있어야 하는데, 당신이 너무 바쁘면 어떻게 그의 존재를 인정할 수 있을까요? 이 주문을 외기 위한 조건은 당신이 거기에 100% 존재해야 한다는 것입니다. 내가 존재하지 않으면 그 사람의 존재를 인식할 수 없습니다. 누군가가 당신을 사랑하고 있다면, 그 사람은 당신이 젊든 늙든 상관없이 당신이 거기에 존재한다는 것을 알아봅니다.

당신이 거기에 존재할 때만 사랑할 수 있으며, 그러기 위해서는 마음챙김 호흡이든 마음챙김 걷기든, 사랑하는 사람을 위해 자유로운 사람으로서 당신이 참으로 거기에 존재하는 일에 도움이 되는 모든 종류의 실천을 해야 합니다. 당신이 거기에 존재하고, 마음챙김을 하고 있으므로, 당신은 사랑하는 사람이 고통받을 때 알아차릴 수 있습니다. 그의 고통을 인식하는 순간, 100% 거기에 존재하기 위해 깊이 실천해 주세요. 그에게 가서 세 번째 주문을 외세요.

세 번째 주문

「당신은 괴로워하는군요. 그래서 내가 여기 있어요」

사람은 고통스러울 때 사랑하는 사람이 자신의 고통을 알아주기를 바라는데, 이는 매우 인간적이고 자연스러운 일입니다. 사랑하는 사람이 내가 고통받는다는 사실을 모르거나 내 고통을 무시하면 훨씬 더 큰 고통을 받게 됩니다. 따라서 사랑하는 사람이 내가 고통받고 있다는 사실을 알아주면 큰 위로가 됩니다. 그들이 도움을 주기 전에 이미 고통이 줄어듭니다. 이것은 아이들만의 실천이 아니라 모든 사람의 실천입니다. 그리고 이 실천은 집에서 큰 행복을 만들 수 있습니다. 몇 주 동안 시도해 보면 집안의 상황이 극적으로 변할 것입니다.

네 번째 주문

「고통스러워, 도와주세요」

세 번째 주문은 사랑하는 사람이 고통받을 때 실천하는 것이라면, 네 번째 주문은 자신이 고통받을 때 실천합니다. 가장 사랑하는 사람이 당신의 고통을 일으켰다고 믿기 때문에 당신은 매우 어려워합니다. 당신의 최애(最愛)가 당신에게 상처를 주는 언행을 하면 당신은 크게 고통받습니다. 다른 사람이 그런 언행을 했다면 그렇게 많은 고통을 받지 않을 것입니다. 하지만 이 사람은 당신이 세상에서 가장 사랑하는 사람인데, 바로 그가 방금 당신에게 이런 언행을 했습니다. 그래서 견딜 수 없습니다. 당신은 100배 더 고통받습니다. 네 번째 주문을 실천해야 할 때입니다. 가장 사랑하는 사람, 방금 당신에게 깊은 상처를 준 사람에게 가서, 완전한 인식, 완전한 마음챙김과 집중력으로 그 사람에게 가서 네 번째 주문을 말해야 합니다. 이것은 매우 어렵습니다. 하지만 스스로 수련하면 할 수 있습니다. 고통스러울 때 나를 고통스럽게 하는 사람이 나의 최애라고 생각하면 혼자 있고 싶어집니다. 방에 틀어박혀 혼자 울고 싶을 것입니다. 그를 보고 싶지도, 이야기하고 싶지도 않습니다. 그의 손길이 닿는 것이 싫습니다. "날 내버려 둬!" 이것은 매우 정상적이고 인간적인 행동입니다. 상대방이 다가와서 화해하려고 해도 여전히 화가 나 있습니다.

네 번째 주문을 수행하는 것이 가능할까요? 그의 도움이 필요하지 않다고 느끼기 때문에 하기 싫은 것 같습니다. 다른 사람의 도움은 몰라도, 그 사람의 도움은 원치 않습니다. 당신은 독립하고 싶어집니다. "나는 당신이 필요 없어!" 당신의 자존심은 깊은 상처를 입었습니다. 그래서 네 번째 만트라가 중요한 것입니다. 그에게 가서 깊게 숨을 들이쉬고 내쉬며, 100% 자신이 되어 입을 열어서 온 정신을 다해, 당신은 고통받고 있으며 그의 도움이 필요하다고 말하세요.

이것을 실천할 수 있으려면 한동안 스스로 수련해야 합니다. 당신은 이 사람에게 그의 도움이 필요 없다고 말하는 경향이 있을 수도 있습니다. 당신 스스로 완전히 독립해서 살아갈 수 있다고 생각할 수 있지만, 지혜의 눈으로 상황을 볼 줄 안다면 이것이 지혜롭지 못한 일임을 알게 될 것입니다. 왜냐하면 서로 사랑할 때 우리는 서로가 필요하고, 특히 고통을 당할 때 서로가 필요하기 때문입니다. 당신의 고통이 그에게서 온다고 확신하나요? 당신이 틀렸을 수도 있습니다. 어쩌면 그의 언행은 당신을 해치기 위한 것이 아닐 수도 있습니다. 당신이 오해했을 수도 있고, 잘못된 인식을 가지고 있을 수도 있습니다.

다음에 고통을 겪을 때를 대비해 지금 자신을 수련해야 합니다. 그래야 고통의 순간에 네 번째 주문을 욀 수 있습니다. 걷기 명상, 앉기 명상, 마음챙김으로 숨을 들이쉬고 내쉬는 실천을 통해 자신을 회복하세요. 그런 다음 그에게 가서 주문을 실천하세요. "자기, 나는 너무 괴로워요. 당신은 내가 세상에서 가장 사랑하는 사람이에요. 제발, 도와줘요." 당신과 그 사람 사이에 자존심의 벽을 세우지 마세요. 진정한 사랑에는 자존심이 들어설 여지가 없습니다. 그래도 여전히 자존심이 있다면, 사랑을 참사랑으로 바꾸는 연습을 해야 한다는 것을 아실 것입니다.

아이들은 아직 어리므로, 주문 실천을 위해 배우고 수련할 기회가 많습니다. 그들이 지금 배우고 실천한다면, 나중에 인생에서 최애의 언행에 의해 고통을 당하는 일이 있다고 해도, 이 주문을 쉽게 욀 수 있을 것이라고 저는 확신합니다. 저는 그들이 네 번째 주문을 자주 사용할 것이라고 생각하지 않지만, 이는 아주 중요한 주문입니다. 1년에 한두 번만 사용하겠지만 무척 중요합니다. 그것을 적어서 어딘가에 보관하게 해서, 그들이 아주 고통스러울 때마다 가서 그 주문을 찾아 외도록 격려하세요.

냉장고 안의 케이크

아직 종을 살 수 없거나 집에 호흡의 방을 마련하지 못했다면, 케이크를 사용할 수 있습니다. 스펀지 케이크처럼 밀가루와 설탕으로 만들어진 것이 아닌 아주 특별한 케이크입니다. 우리가 먹어도 먹어도 결코 다 먹을 수 없는 케이크입니다. '냉장고 안의 케이크'라고 부릅니다.

─── 실천 ───

자녀가 거실에 앉아 있는데 부모님이 서로 화를 내기 직전인 것을 보게 되는 날이 옵니다. 분위기가 무겁고 불쾌해지면, 아이는 케이크 명상을 사용하여 가족의 화합을 회복할 수 있습니다. 우선 용기를 내기 위해 세 번 숨을 들이쉬고 내쉰 다음, 엄마를 바라보며 "엄마, 엄마"라고 말합니다. 물론 아이는 아버지나 조부모, 자신을 돌봐주는 다른 성인을 부를 수도 있습니다. 아이의 어머니는 아이를 보고 "왜 그러니?"라고 묻습니다. 그러면 아이는 "냉장고에 케이크가 있다는 것을 생각해 냈어요."라고 대답할 것입니다. 냉장고에 정말 케이크가 있느냐 없느냐는 중요하지 않습니다.

'냉장고에 케이크가 있다'는 말의 진정한 의미는 "엄마, 아빠, 더 이상 서로에게 고통을 주지 마세요." 입니다. 이 말을 들으면 아이의 부모는 이해할 것입니다. 어머니는 아이를 보고 이렇게 말할 것입니다. "맞아! 내가 케이크와 차를 내오는 동안 너는 밖에 나가서 피크닉 의자를 정리해 줄래?" 어머니가 이 말을 할 때, 아이는 이미 위험한 상황에서 벗어날 방법을 찾은 것입니다. 아이는 현관으로 달려가 어머니를 기다립니다. 그녀의 어머니에게는 이제 싸움에서 물러날 기회가 왔습니다. 아이가 말하기 전에는 어머니가 일어나서 자리를 뜰 수 없었는데, 이는 매우 무례한 행동이고 다른 쪽 부모의 분노에 기름을 부을 수 있기 때문입니다. 이제 어머니는 부엌으로 들어갑니다. 냉장고를 열어 케이크를 꺼내고 물을 끓여 차를 만드는 동안 자신의 호흡을 따라갑니다. 냉장고에 진짜 케이크가 없어도 걱정하지 마세요. 케이크를 대신할 수 있는 다른 것을 찾을 수 있을 테니까요. 케이크와 차를 준비하면서 작은 미소를 지으면 몸과 마음이 가벼워지는 것을 느낄 수 있습니다.

아버지는 거실에 혼자 앉아 마음챙김을 하면서 호흡할 수 있습니다. 그의 욱하는 성질은 차차 진정될 것입니다. 차와 케이크가 식탁에 놓인 후에 그는 현관으로 천천히 걸어 나와 가볍고 이해가 넘치는 분위기에서 다과회에 참석할 수 있습니다. 안에 있는 아버지가 나오기를 주저한다면, 아이가 집안으로 뛰어 들어가 손을 잡고 "저와 함께 차와 케이크를 먹어요."라고 말하며 그를 달래서 나오게 할 수 있습니다.

오렌지 명상

오렌지를 먹으면서도 실제로는 먹지 않는 사람들이 있습니다. 그들은 슬픔, 두려움, 분노, 과거, 미래를 먹습니다. 몸과 마음이 하나로 그 자리에 있다고 말할 수 없습니다. 오렌지를 먹을 때 우리는 먹는 행위를 명상으로 만들 수 있습니다. 우리는 편안하고 단단하다고 느끼는 방식으로 앉아서 오렌지를 기적으로 볼 수 있습니다. 집중은 매우 중요합니다. 아이스크림을 먹을 때 텔레비전을 켜면 아이스크림에 집중할 수 없기 때문에 곧 아이스크림을 잃는다는 것을 우리는 알고 있습니다. 마음챙김과 집중 없이는 자기 자신도 오렌지도 제대로 즐길 수 없습니다.

─── 실천 ───

아이의 손바닥에 오렌지를 건네주고, 숨을 들이쉬고 내쉬며 오렌지를 바라보게 해서 오렌지가 현실이 되도록 합니다. 아이가 여기에 완전히 존재하지 않으면 오렌지도 여기에 없습니다. 아이에게 오렌지 나무를, 오렌지꽃을, 태양과 지나가는 비를, 가지에 맺히는 작은 열매를 보라고 하세요. 자, 이제 그 열매는 아름다운 오렌지로 자랐습니다. 오렌지를 바라보고 그것에 미소 짓는 것만으로도 아이는 생명의 경이로움을 느끼게 됩니다. 그는 때때로 손바닥에 있는 오렌지가 정말 기적이자 생명의 경이로움이라는 사실을 놓칩니다. 그 자신의 내면과 주변에는 수많은 생명의 경이로움이 있습니다. 그래서 오렌지를 바라보며 그런 식으로 오렌지를 향해 미소 지을 때, 아이는 정말로 오렌지의 윤기와 기적적인 본성을 보게 됩니다. 그리고 갑자기 자신도 기적이 됩니다. 그는 이제 기적, 완벽한 기적입니다. 다른 기적을 만나는 기적의 존재입니다.

오렌지를 깊이 들여다보면 경이로운 것이 많이 보입니다. 빛나는 태양, 오렌지 나무에 내리는 비, 오렌지꽃, 가지에 매달리는 작은 열매, 녹색에서 노랑으로 변하는 열매의 색, 그리고 다 자란 오렌지. 이제 천천히 껍질을 벗기라고 하세요. 오렌지 껍질의 놀라운 향기를 맡으라고 하세요. 오렌지의 한 부분을 떼어내 입에 넣으라고 하세요. 아주 달콤한 과즙을 맛보라고 하세요.

오렌지 나무는 서너달, 길게는 여섯 달에 걸쳐서 그를 위해 오렌지 열매를 만들었습니다. 이제 준비된 오렌지는 이렇게 말합니다. "당신을 위해 내가 여기에 있어요!" 그러나 그가 거기에 없다면, 그는 그 말을 듣지 못할 것입니다. 그가 지금 이 순간 오렌지를 보고 있지 않다면, 오렌지도 없습니다. 오렌지를 먹는 동안 우리가 온전히 존재한다는 것은 즐거운 경험입니다.

나무 안아주기

플럼빌리지에 있는 제 집에 삼나무 세 그루를 심었습니다. 약 30년 전에 심은 것인데, 지금은 매우 크고 아름답고 상쾌한 느낌을 줍니다. 걷기 명상을 하는 동안 저는 언제나 이 나무들 중 한 그루 앞에 멈춥니다. 절을 하죠. 기분이 좋아집니다. 뺨을 나무껍질에 갖다 댑니다. 나무 냄새를 맡습니다. 아름다운 나뭇잎들을 올려다봅니다. 나무의 힘과 신선함을 느낍니다. 나는 깊게 숨을 들이쉬고 내쉽니다. 매우 기분이 좋고, 때로는 사랑스러운 나무를 즐기며 오랫동안 머물기도 합니다.

　나무에 접하면 우리는 아름답고 상쾌한 무언가를 돌려받습니다. 나무는 정말 경이로워요! 폭풍우 속에서도 단단하죠. 우리는 나무로부터 많은 것을 배울 수 있습니다.

—— 실천 ——

아이더러 자기 눈에 특별히 아름다운 나무 한 그루를 찾으라고 하세요. 사과나무나 떡갈나무, 소나무일 수도 있겠네요. 아이가 멈춰서 나무를 깊게 접하면 나무의 놀라운 특성을 느낄 수 있습니다. 깊이 숨을 쉬면 나무를 깊이 접하는 데 도움이 됩니다.

숨을 들이마시고 나무를 접한 다음 숨을 내쉬게 하세요. 이 과정을 세 번 반복합니다. 이런 식으로 나무를 접하면 기분이 상쾌하고 행복해질 것입니다.

    그런 다음 아이가 원한다면 나무를 안을 수 있습니다. 나무 안아주기는 멋진 실천입니다. 아이가 나무를 안아줄 때 나무는 절대 거절하지 않습니다. 아이는 나무에 기댈 수 있습니다. 나무는 믿음직해요. 아이가 나무를 보고 싶을 때마다, 그늘이 필요할 때마다 나무는 아이를 위해 거기에 있습니다.

오늘이라는 기념일

우리에게는 특별한 날이 많습니다. 아버지에게 감사를 드리는 특별한 날이 있습니다. 우리는 이를 아버지의 날이라고 부릅니다. 어머니를 기념하는 특별한 날도 있습니다. 어머니의 날이라고 부릅니다. 새해 첫날이 있고, 노동절, 지구의 날도 있습니다. 어느 날 플럼빌리지를 방문한 한 젊은이가 "오늘을 오늘이라는 기념일(Today's Day)로 선포하면 어떨까요?"라고 말했습니다. 그러자 모든 아이들이 오늘을 기념하는 것에 찬성하고 '오늘이라는 기념일'로 명명했습니다.

─── 실천 ───

이 날, 오늘이라는 기념일에는 어제를 생각하지 말고, 내일도 생각하지 말고 오늘만 생각하세요. 오늘이라는 기념일은 우리가 지금 이 순간을 행복하게 사는 날입니다. 우리가 먹을 때, 우리는 우리가 먹고 있음을 압니다. 물을 마실 때, 우리는 우리가 마시는 것이 물이라는 것을 알고 있습니다. 걸을 때 우리는 한 걸음 한 걸음을 정말 즐깁니다. 우리가 놀 때, 우리는 우리의 놀이 안에 정말로 존재합니다.

오늘은 경이로운 날입니다. 오늘은 가장 경이로운 날입니다. 그렇다고 어제가 경이롭지 않았다는 뜻은 아닙니다. 하지만 어제는 이미 갔습니다. 이는 내일이 경이롭지 않을 것이라는 의미는 아닙니다. 하지만 내일은 아직 오지 않았습니다. 오늘은 우리에게 주어진 유일한 날이며, 우리는 오늘을 잘 관리할 수 있습니다. 그래서 오늘은 우리 인생에서 가장 중요한 날입니다.

그러니 매일 아침 당신 아이가 일어나면 오늘을 가장 중요한 날로 만들겠다고 결심하게 하세요. 등교하기 전에 아이에게 앉거나 누워서 몇 분 동안 천천히 숨을 들이쉬고 내쉬라고 말하세요, 들숨을 즐기고, 내쉬는 숨을 즐기고, 미소를 지으라고 하세요. 아이는 여기 있습니다. 그는 만족합니다. 평화롭습니다. 이것은 하루를 시작하는 경이로운 방법입니다.

하루 종일 이 정신을 유지하라고, 자신의 호흡으로 다시 돌아가기를 기억하라고, 다른 사람들을 자애심으로 바라보고, 미소 지으라고, 인생이라는 선물에 행복해지도록 노력하라고 부탁하세요. 오늘도 좋은 하루 되세요. 이는 단순한 소원이 아니라 실천입니다.

결론

이 책에서 소개한 모든 실천에는 공통된 기본 목적이 있습니다. 그것은 마음을 다시 몸으로 보내고, 우리의 진정한 존재를 만들고, 생생하게 살아나고, 모든 것이 마음챙김의 빛 속에서 발생하게 하는 것입니다. 실천 하나하나는 매우 간단합니다. 우리는 숨을 들이쉬고 내쉽니다. 마음챙김을 하면서 한 걸음 내딛고, 사랑하는 사람의 말을 경청하고, 주변의 아름다움을 깊이 관찰합니다. 그러나 이렇게 아주 단순한 실천은, 생사도 없고 헤어짐도 없는○ 우리의 진정한 본성에 접촉하는 데 도움이 될 수 있습니다.

○ 『반야심경』의 제법공상 불생불멸(諸法空相 不生不滅)을 가리킨다. 《ブッダの幸せの瞑想》 p. 295 참조.

내면과 세상의 평화를 원한다면 실천해야 합니다. 실천하지 않으면 우리 자신의 두려움과 분노, 사랑하는 사람들의 두려움과 분노를 돌볼 마음챙김의 에너지가 부족해집니다. 마음챙김의 실천은 우리의 생존, 평화 및 보호를 위해 필수적입니다. 우리 자신은 물론 가족과 우리 사회, 세상 전체에 마음챙김을 실천하고 깊이 들여다보는 것에서 오는 지혜와 통찰이 필요합니다.

불교에는 반짝이는 보석으로 가득 찬 경이로운 세계에 대한 이미지가 있습니다. 그것을 다르마카야(Dharmakāya; 법신)라고 부르는데, 잘 관찰하면 우리 일상의 세계가 바로 다르마카야임을 알 수 있습니다. 우리는 풍부한 재산을 상속받았으면서도 그것을 모르고 마치 배고픈 아이처럼 행동하지만, 우리 마음 안에야말로 깨달음, 이해, 사랑, 기쁨의 보물이 있습니다. 유산을 받기 위해 이제 돌아가야 할 때입니다. 여기에 소개한 여러 실천은 우리가 그 유산을 얻는 데 도움이 될 수 있습니다.

진정한 유산°

우주는 귀중한 보석들로 가득 차 있네
오늘 아침
양손에 넘치는 수많은 보석들을
당신에게 주고 싶네
지금 이 순간의 당신 생명도 하나의 보석
그 보석의 빛남은 한없이 넓어
그 보석 안에 대지와 하늘, 물과 구름이 보이네

보석은 원하네
당신이 부드럽게 숨쉬기를
기적이 거기에서 일어나기를

갑자기
당신은 새들의 노래를 듣네
소나무의 노래도 듣네
당신은 보네
꽃이 만발한 것

○ 번역에 《ブッダの幸せの瞑想》 292쪽 이하를 참조했다.

푸른 하늘
흰 구름
사랑하는 사람의 미소와
그 눈부시게 아름다운 모습도

지구상에서 가장 부유한 당신,
먹고살기 위해 여태 구걸하며 돌아다녔소
가난한 자식 흉내 그만 내고

돌아와요
당신의 유산은 여기에 있어요
우리는 행복을 누리면서
세상 사람 모두에게 그것을 나눠 줍시다

지금 이 순간을 소중히 여기세요
고통의 강물을 흘려보내고
당신의 양팔로
인생을 꼭 안으세요

— 틱 낫 한

틱낫한 행복

2025년 5월 23일 초판 1쇄 발행

지은이 **틱낫한** • 옮긴이 허우성
발행인 **박상근(至弘)** • 편집인 류지호 • 편집이사 양동민
책임편집 하다해 • 편집 김재호, 양민호, 김소영, 최호승, 정유리 • 디자인 쿠담디자인
제작 김명환 • 마케팅 김대현, 김대우, 이선호, 류지수 • 관리 윤정안
콘텐츠국 유권준, 김희준
펴낸 곳 **불광출판사** (03169) 서울시 종로구 사직로10길 17 인왕빌딩 301호
대표전화 02)420-3200 편집부 02)420-3300 팩시밀리 02)420-3400
출판등록 제300-2009-130호(1979. 10. 10.)

ISBN 979-11-7261-169-9 (03220)

값 18,000원

잘못된 책은 구입하신 서점에서 바꾸어 드립니다.
독자의 의견을 기다립니다. www.bulkwang.co.kr
불광출판사는 (주)불광미디어의 단행본 브랜드입니다.